DRA. BLANCA QUIÑONES

CUANDO LOS ÁNGELES HABLAN

365
Canalizaciones
"Lecturas Devocionales
para cada día
del año"

Ha llegado el momento de entrar
en sintonía con el Mundo de
tus Ángeles, Dios siempre está obrando
a través de su luz

Guía espiritual diaria
Canalizada por Dra. Blanca Quiñones
Editada por la Lic. Sandra Cisneros Reyes

CUANDO LOS ÁNGELES HABLAN
Copyright © 2024 por Dra. Blanca Quiñones

Todos los derechos reservados. Ninguna parte de este libro puede ser reproducida, distribuida, transmitida o utilizada en ninguna forma o por ningún medio sin el permiso previo por escrito del propietario de los derechos de autor, excepto para el uso de citas breves en una reseña de un libro y ciertos otros usos no comerciales permitidos por la ley de derechos de autor.
Para solicitar permiso, comuníquese con el editor a:
spiritualworldpublishing@gmail.com

Tapa blanda: ISBN 979-8-9899052-3-2, 979-8-9899052-5-6, 979-8-9899052-7-0
Libro electrónico: ISBN 979-89899052-4-9, 979-8-9899052-6-3

Los derechos de autor están registrados en la Biblioteca del Congreso de Estados Unidos de América.

Descargo de responsabilidad: El autor ha estudiado cuidadosamente el contenido de este libro. Sin embargo, ni el autor, ni el editor, ni ningún distribuidor o minorista asumen ninguna responsabilidad por el uso de la información contenida en este libro. Además, ni el autor, ni el editor, ni ningún distribuidor o minorista asumen ninguna responsabilidad por errores, inexactitudes, tergiversaciones y otros que puedan encontrarse en este libro.

Primera edición de bolsillo: agosto de 2024
Primera edición de libro electrónico: agosto de 2024
Editado por Lic. Sandra Cisneros Reyes
Portada de la Dra. Blanca Quiñones y la Lic. Sandra Cisneros Reyes
Diseño del libro de la Lic. Sandra Cisneros Reyes
Impreso en Estados Unidos de América

Spiritual World Publishing
B QUINONES LLC
500 N. Rainbow Blvd. Suite 300
Las Vegas, NV 89107
Estados Unidos
www.spiritualworldpublishing.com
Teléfono: (702) 538-2785
En coordinación con Spiritual Vision TV:
www.spiritualvisiontv.com

CUANDO LOS ÁNGELES HABLAN
365 Canalizaciones
"Lecturas Devocionales para cada día del año"

DRA. BLANCA QUIÑONES

SPIRITUAL WORLD
Publishing

SPIRITUAL WORLD PUBLISHING
BQUINONES, LLC
500 N RAINBOW BLVD, SUITE 300,
LAS VEGAS, NV 89107

DEDICATORIA

*Para mi esposo Miguel G. Quiñones, Jr.
"El Ángel terrenal que me ha acompañado por
muchas décadas".*

CONTENIDO

Mensaje de los Ángeles para cada uno de ustedes	I
Introducción	II
Oración por la humanidad	III
Canalizaciones angelicales	1-365
Nota final de despedida	IV
Oración por todos los Niños enfermos del mundo	V
Agradecimientos	VI
Acerca del autor	VII

MENSAJE DE LOS ÁNGELES PARA CADA UNO DE USTEDES

"El amor de Dios se manifiesta de una forma dulce y amorosa
a través de sus Ángeles. Es ese pensamiento, esa visualización,
es ese sentimiento, es acompañamiento.
Cuando los Ángeles hablan, lo entendemos de diferentes formas,
hablan a través de nuestra mente, de nuestro corazón,
hablan a través del viento, palabras sin tiempo o una canción.
Hablan a través de la mirada, a través de una flor,
o de una planta pequeña o en expansión.
Cuando los Ángeles hablan, es la manifestación de Dios,
que lo puedes oler, sentir y palpar, cuando permites tu alma brillar.
En cada situación o momento de nuestras vidas, Dios está presente
en una sonrisa, en un llorar, porque los Ángeles hablan
en todo instante y en cualquier lugar.
Cuando los Ángeles hablan, estamos envueltos en la luz de amor
perfecto y eternal, no tiene principio y no tiene final.
Cuando los Ángeles hablan, el espíritu se eleva, desaparece el ego,
te llenas de fe, esperanza y sanación.
Tu mente se inspira, escuchando a Dios hablar
a través de un coro Angelical".

INTRODUCCIÓN

"Ha llegado el momento de entrar en sintonía con el Mundo de tus Ángeles"

¿Cuánto tiempo llevas haciéndote la misma pregunta? Tienes tantos pensamientos en tu mente que solo llegas a un estado de confusión. Es posible que tengas problemas físicos, mentales o emocionales.

¿Tienes problemas de pareja o en el matrimonio, problemas familiares, problemas financieros, problemas en el trabajo, y no sabes qué hacer? También es posible que esta avalancha de pensamientos en tu mente no te permita alcanzar tus objetivos. Siempre empiezas un proyecto, pero no lo terminas, te forjas metas que se quedan solamente siendo una idea en tu cabeza. Pero, ¿por qué es que no puedes desbloquearte?, ¿qué es lo que no te permite alcanzar esas metas en tu vida?, ¿te has preguntado mil veces cuál es tu misión de vida? Tienes la idea o presentimiento de lo que necesitas hacer, de lo que has venido a hacer a este plano terrenal, pero en realidad no lo entiendes.

¿Sabías que en tu mente hay de 60,000 a 70,000 pensamientos al día y la mayoría de estos pensamientos son negativos? Estas preocupaciones en tu mente casi todo el tiempo son preocupaciones banales, o sea, de la mente consciente, preocupaciones del día a día. También es cierto que esta nube o avalancha de pensamientos negativos en tu mente, son preocupaciones de cosas o situaciones que nunca sucederán en tu vida.

¿Tratas de encontrar la felicidad, pero en realidad lo que encuentras es desespero, desolación, tristeza, depresión y ansiedad, porque estás lleno de miedos? ¿Sientes un vacío en tu ser, un vacío que no puedes llenar con nada y cuando te aturdes quieres llenar este vacío con cosas materiales y no encuentras solución? La razón de que no encuentras solución es porque tienes un vacío existencial. Ese vacío existencial es la separación que sientes de Dios, del Creador. En realidad, no estás separado de Dios, porque Dios está siempre a tu lado, pero el ego te está diciendo lo contrario, que Dios no está contigo.

¿A dónde estás poniendo la fe? ¿A dónde estás buscando la felicidad?, ¿estás buscando la felicidad fuera de ti y no dentro de ti?, ¿te estás forjando la idea equivocada de que la felicidad está en alguien más o en algo más? Pregúntate: ¿Qué papel juega Dios en mi vida?, ¿qué siento en mi corazón cuando escucho la palabra Ángeles o Arcángeles?, ¿qué significan los Ángeles y Arcángeles en mi vida? Dios es permanente en nuestras vidas, porque es el Hacedor de vida. Sus Ángeles, son la luz divina y perfecta que está aquí para ayudarnos en todo momento. Cuando no encuentres respuesta a tus preguntas y no puedas llenar ese vacío existencial, cierra tus ojos y piensa un momento en Dios y sus Ángeles. Recuerda que te mencioné anteriormente toda la avalancha de pensamientos negativos que están presentes en tu mente, pues es momento de dejar los pensamientos negativos y concentrarse en lo que vale la pena. Solamente tienes que repetir: "Ángeles del Señor, vengan a mí, cúbranme con su luz, quiero sentir la presencia del Espíritu Santo". Te vas a dar cuenta que lo primero que llega a ti es un sentimiento de amor, de inspiración, de elevación espiritual. Presta atención porque estás teniendo comunicación con Dios, eso se llama: *"Cuando los Ángeles Hablan"*. La única forma en que puedes llenar ese vacío existencial, esa tristeza, ese desasosiego, esa depresión, esa ansiedad, esa búsqueda sin respuestas dentro de ti, es con la ayuda de Dios y sus Ángeles.

Es importante no confundir la gimnasia con la magnesia, como ya lo mencioné antes en el libro *"Manual Espiritual: Las Enseñanzas de Dra. Quiñones"*, los Ángeles no pertenecen a ninguna denominación religiosa. Si tú te cuestionas mucho acerca de creer en los Ángeles, estás en lo correcto. Si tú te cuestionas acerca de la adoración a los Ángeles, estás en lo correcto. Porque los Ángeles son la luz de Dios, no hay Ángeles separados de Dios. Es válida la preocupación de creer en los Ángeles o en la ayuda angelical cuando no percibes la conexión de los Ángeles con Dios.

¿Qué es la idolatría? Idolatría es la adoración a un ídolo, algo o alguien que no es Dios, que no tiene el poder para hacer un milagro. Si tú separas a los Ángeles de Dios, es lo que pasaría. No hay Arcángel Miguel sin Dios, porque el Arcángel Miguel es la fuerza infinita de Dios. Cada Ángel y Arcángel es una faceta de Dios. Así es que no tengas miedo de decir: "Yo puedo sanar con Ángeles", pero con la conciencia absoluta de que estás hablando de la luz divina de Dios. A los Ángeles no se les adora, ellos mismos lo dicen, que toda adoración y gloria es para Dios. Los Ángeles están aquí para ayudarnos guiándonos en nuestra misión de vida, y cuando no buscamos su ayuda, no les estamos permitiendo cumplir con su misión. Sí, los Ángeles, así como cada uno de nosotros también tienen su propia misión.

La voz de Dios se puede escuchar a través de sus Ángeles, siempre está ahí para ti y para mí, y para todos los que quieran escucharla. Es una guía divina que está siempre presente en nuestras vidas.

¿Cuándo es el momento de escuchar a los Ángeles? Hoy es el momento de escuchar a los Ángeles. Siempre es el momento de escuchar la guía divina. Siempre es el momento de hacer cambios positivos en nuestras vidas. Siempre es el momento de comenzar nuestra misión de vida. Siempre es el momento de sanar nuestras heridas. Siempre es el momento de encontrar la felicidad que andamos buscando. Siempre es el momento de llenar nuestro vacío existencial, y la única forma de llenar ese vacío existencial es con el amor de Dios, dándonos cuenta de que no estamos separados de Él, que Dios está ahí manifestándose siempre a través de sus Ángeles y de todo lo que tiene vida.

¿Cómo se ha escrito este libro y cómo puedes recibir ayuda de él? Aquí hay más de 365 canalizaciones angelicales. Son conversaciones con Dios: *"Cuando Los Ángeles Hablan"*. Este es un libro que he canalizado por años, es un devocional que te guiará día a día con los consejos de los Ángeles y Arcángeles. Estas canalizaciones se han recibido a través de mensajes auditivos y visiones, siempre tengo un diálogo abierto con Dios a través de sus Ángeles, como todo Santo hijo de Dios. Cada día podrás ir desarrollando tu percepción con la Divinidad, en cada canalización que leas y la sientas en tu corazón con tu alma abierta, te ayudará a recibir tus propios mensajes.

Ten presente, que si Doctora Quiñones desde niña ha tenido desarrollados sus sentidos espirituales, tú también puedes desarrollarlos, o es posible que tú también tienes esa comunicación con Dios. No, no solo es posible, estoy segura de que tú también tienes esa comunicación con Dios a través de sus Ángeles, pero tal vez la has ignorado por una u otra razón.

Tal vez has profundizado demasiado en lo material y no has entrado en tu "Ser", no te has dado cuenta de tu santidad. También recuerda que Doctora Quiñones no tiene nada en especial para recibir una visión o un mensaje auditivo de Dios. Todos lo podemos hacer, porque Dios siempre nos está hablando.

Estos mensajes angelicales, han sido recibidos en diferentes horas del día o de la noche, y se han plasmado aquí en este libro para que sean de tu ayuda en momentos que estés en el olvido del "Ser" y no en la conciencia del "Ser". En otras palabras, cuando te sientas separado de Dios y sus Ángeles, este devocionario puede ser útil para todo el que lo lea y lo ponga en práctica. Tal vez puedes llegar a este libro por curiosidad o porque sinceramente estás interesado o interesada en esa comunicación con Dios. Pero es imperativo recordarte que nada llega a tu vida por casualidad, todo es una confabulación espiritual para recordarte que hay un camino amoroso que puedes recorrer con la ayuda de tus Ángeles. ¿Cuándo comencé a escuchar por primera vez la voz de Dios hablar a través de sus Ángeles? Desde siempre, desde que tengo uso de razón, no digo desde que tengo memoria porque tengo recuerdos desde que estaba en el vientre de mi madre y antes de entrar en el. En otras palabras, puedo recordar vidas pasadas muy fácilmente y también ver las vidas pasadas de otras personas. Bueno esa es otra historia que les contaré en otro libro.

Siempre escuché a los Ángeles cantar y acercarse a mí cuando era muy pequeña y caminaba o montaba a caballo en el campo, antes de dormir o cuando despertaba. Pero fue en un momento traumático de mi vida cuando comenzaron mis experiencias angelicales más maravillosas; estaba muriendo de cáncer y siendo testigo de la sangrienta guerra civil de mi país, El Salvador. Hubo momentos que llegué a pensar que estaba loca porque lo que me estaba pasando no era algo común, aunque era una niña creyente de Dios con experiencias angelicales muy claras. Pensé que era mi mente delirando de dolor porque sufría mucho. Los médicos me habían dado seis meses a un año de vida. Simplemente era un sufrir constante de mi vida con mucho dolor, una agonía diaria. También miraba el sufrimiento de mis padres y de mis hermanos, era aterrador. Al mismo tiempo, podía escuchar el clamor de la gente que moría en la guerra y las que quedaban muertas en vida por las muertes o desapariciones de sus seres queridos. Pero ahí estaba Dios hablándome a través de sus Ángeles, no solamente hablándome sino consolándome, llevándome a lugares bellos que se pueden considerar el Cielo o el Paraíso, podríamos decir la gloria de Dios, donde no había dolor ni tristeza, solo había felicidad y una paz perfecta. Al momento de escribir estas líneas se me llenan los ojos de lágrimas, porque en realidad recuerdo todo el padecimiento de mi corazón y mi cuerpo. Pero mi alma nunca se rindió y siguió adelante, siempre vi la muerte como algo irreal. Mi alma no trascendió el cuerpo en esos momentos, mi alma no sucumbió ni tampoco mi cuerpo. Sucumbió el cáncer y glorifique a Dios, y lo sigo glorificando y alabando su nombre por su misericordia. Escuchó mi clamor, mi angustia, mi agonía y fue a mi rescate y me mostró la luz brillar en mí. En ese tiempo, siendo solamente una niña, necesitaba ese amor angélico, necesitaba el amor de mi Padre, necesitaba el amor del Creador que llegara a mí. Los Ángeles del Señor siempre me acompañaron y guiaron cada uno de mis pasos hasta este momento, donde hoy puedo decirles que podemos tener una comunicación con Dios a través de sus Ángeles, podemos confiar en Dios en cada momento, porque la muerte no existe. Somos espíritu, somos vida, somos santidad, somos Santos hijos de Dios.

Así como yo recibí la ayuda de Dios cuando era niña en esos momentos difíciles y la he seguido recibiendo durante toda mi vida, cada uno de ustedes pueden ser también testigos que podemos tener más que comunicación con Dios a través de sus Ángeles, sino también asistencia divina y sanación de todo dolor.

¿Qué necesitas hacer como preparación? Solamente confía en Dios, que Él a través de sus Ángeles guiará tu camino en la dirección correcta. Abre tu corazón al amor y permite sentir en ti la inocencia, la bondad y la gratitud. Ya que estás preparado, te dejo con este *"Devocional de canalizaciones"*, que se llama así porque es lo que los Ángeles hablaron. Puedes leer y estudiar una diaria. Puedes empezar por la primera o abrir el libro en cualquier página pidiendo la guía divina, dejándote sorprender por los Ángeles. Cuando hayas leído una canalización, pide ayuda al Espíritu Santo para que te ayude a entender el mensaje y cómo aplicarlo en tu vida. Hay mensajes con consejos angelicales para diferentes situaciones que nos toca vivir en este mundo material donde nos acecha el ego, pero Dios y sus Ángeles están con nosotros.

"No hay misiones de vida pequeñas, pero sí diferentes, y necesitamos toda la ayuda del Mundo Espiritual para nuestro despertar".

ORACIÓN PARA LA HUMANIDAD

*"Señor Dios, permite que tu luz venga a nosotros hoy
a través de tu Arcángel Uriel, para que ejerza su función
de provisión y abundancia en bienaventuranza.
Para que nos abastezca con la capacidad necesaria
para atraer esas riquezas de las que carecemos, ya sean materiales
o espirituales, que podamos gobernar nuestro plano mental
y que el ego se aquiete.
También que nos ayude a regir nuestros pensamientos e ideas,
la creatividad, la magia, el juicio, alquimia, astrología,
el conocimiento universal, el flujo universal cósmico
y todo el ambiente terrenal.
Que el Arcángel Uriel rija nuestra Paz a nivel interior
y que brinde a la humanidad el don de la iluminación,
que es la realización de la Divinidad dentro de nosotros mismos".*

*Escrito por Dra. Quiñones
(Dictado por el Arcángel Uriel)*

ARCÁNGEL MIGUEL

"Protección angelical"

Toma mi espada y usa mi escudo para defenderte y protegerte de tus miedos. Mis alas son grandes y fuertes para que te cobijes debajo de ellas en el momento que quieras. Yo soy la luz de Dios que te ilumina los senderos por donde caminas. Nunca pienses que no puedes alcanzar el amor y la protección de Dios, fuiste creado a su imagen y semejanza. La luz de Dios está en ti y tienes la voluntad para decidir lo que deseas hacer. Tú eres parte de su fuente infinita de luz perfecta y su amor incondicional te sostiene. Mi luz y energía azul te brinda la protección y cuidado angelical que necesitas para deshacer toda energía negativa que se opone al amor. Hoy estás protegido tú y toda tu casa. Hoy estás en victoria porque estás removiendo tus pensamientos de miedo y permitiendo que la protección angelical te acompañe. ¡Confía, el universo angelical te está guiando en tus aprendizajes de vida!

Arcángel Miguel

ARCÁNGEL JOFIEL

"Despertar espiritual"

Cada vez que escuches mi nombre recuerda que soy tu despertar. Mi rayo de luz te ilumina y te acompaña con miles de Ángeles más, para que tu despertar sea hoy. Soy la voz de Dios que te está hablando en todo momento para que mires el amanecer. El renacimiento es tu despertar espiritual; lo que se ha venido hablando por siempre hoy está aquí. Siéntete feliz porque hoy tú estás en el camino correcto, de llegar a tener ese nivel de conciencia donde vas a poder ver tu luz. El despertar espiritual es eso, poder ver la luz, la belleza que brilla en ti. Es reconocer que eres un alma noble, que vives para siempre como parte de la Divinidad. Mi luz se une a la tuya para ser uno y brillar para siempre. ¡Soy la luz infinita de Dios!

Arcángel Jofiel

ARCÁNGEL CHAMUEL

"Caminando al encuentro de Dios"

Si sientes que has pasado toda tu vida en busca de Dios sin haberlo encontrado, es porque no te amas a ti mismo. Hoy es tiempo de caminar al encuentro de tu Creador, pero no puedes llegar a él en el camino del miedo y del dolor. El amor es el único camino que te lleva a experimentarte de una manera amorosa, en todas las facetas de la vida. No puedes encontrar la felicidad si no te estás amando a ti mismo y a los demás, incondicionalmente. El amor a ti mismo te lleva a conocer la parte de Dios en ti. Este reconocimiento te muestra el camino a la felicidad. Te encuentras de frente con el bienestar que es abundancia física y espiritual, que te abre las puertas a la plenitud. Te das cuenta de que todo a tu alrededor renace, crece y se multiplica. ¡Yo Soy el Amor de Dios!

Arcángel Chamuel

ARCÁNGEL GABRIEL

"Acción inspirada"

Soy el dador de las buenas noticias, quien te pone en acción para buscar las repuestas y llevar tus proyectos a término. También te doy la inspiración para desarrollar el artista que llevas dentro. Te ayudo a ser siempre el más bondadoso en tus roles como cuidador de los más vulnerables, incluyéndote a ti mismo. Sobre todas las cosas te ayudo a abrir tu corazón y tu mente al mundo espiritual, para que puedas canalizar el amor infinito. La fuerza de Dios es en mí y la estoy compartiendo contigo, para que puedas activarte e inspirarte y encontrar todos los milagros que no estás viendo en este momento. Te regalo flores blancas y los amaneceres más bellos para que recuerdes de dónde vienes. Te doy revelaciones y enseñanzas para que tu alma se nutra de sabiduría y puedas completar tu misión de vida. Soy el amor puesto en acción para inspirarte y abrir tus canales de comunicación angélica. ¡También soy el guardián de tu vida y la de tus seres queridos!

Arcángel Gabriel

ARCÁNGEL RAFAEL

"La luz de Dios sana"

Si tu espíritu está atormentado por los traumas físicos y sufrimientos mentales, también tu corazón está siendo afectado. No hay manera de que tu espíritu pueda ser dañado, pero tus aflicciones le causan un malestar y hay momentos en que se siente mortal. Tu espíritu, que es infinito, guarda muchas experiencias que son dañinas cuando no hay esa conexión con Dios. Mi luz que es la cura de Dios protege tu cuerpo, tu corazón y tu espíritu, de las enfermedades y energías negativas. La luz verde esmeralda es el bálsamo que restablece completamente todo tu sistema y te hace encontrar el equilibrio y balance en tu vida. Yo, la luz sanadora de Dios, limpio todo tu cuerpo de todo mal y voy adentro de tu corazón limpiando poquito a poquito todo sentimiento de pena, tristeza, duelo, angustia, vulnerabilidad, culpa y auto sabotaje, y todo problema físico. Permite que su sanidad se dé en ti. ¡Su luz es parte de ti!

Arcángel Rafael

ARCÁNGEL URIEL

"Quietud mental"

Si no te has encontrado a ti mismo y andas perdido en los caminos de la vida, moviéndote de relación en relación, de trabajo en trabajo, es porque tu mente no está en calma. Si has perdido el norte o nunca lo has tenido, es tiempo de que te reconcilies contigo mismo y encuentres la quietud mental que necesitas. Ve a tus adentros y con toda honestidad, pero sin juzgar, mira lo que estás haciendo con tu vida, antes de que sigas caminando sin rumbo cometiendo más errores. Escucha a tu corazón hablándote de lo doloroso que es vivir una vida sin guía ni propósito, una vida de caos mental y lamentaciones. Escucha a tu corazón entristecido porque tu mente no para de juzgarse y maltratarse. Hoy, aparta tus pensamientos de juicio y de intolerancia, y encuentra tu valía. ¡Mi rayo de luz te está iluminando e inspirando a buscar la quietud mental!

Arcángel Uriel

ARCÁNGEL ZADQUIEL

"Sanación física y emocional"

Los problemas físicos y emocionales que estás experimentando en estos momentos de tu vida, son parte de tu pasado de esta vida material y otras épocas donde te has dedicado a hacerte daño por cosas que no entiendes. Esas cosas no puedes entenderlas porque no son conscientes en tu mente, son parte de tu pasado antiguo. Hoy mi luz violeta va a hacer un cambio en tu vida, ese cambio depende también de ti. No hay nada que yo pueda hacer si tu continúas aferrado al sufrimiento y al dolor, necesitas hacer un balance de todas las cosas que ya no necesitas y tomar la decisión de deshacerte de ellas. ¡Yo soy la luz que ilumina el camino a tu sanidad física, mental y espiritual!

Arcángel Zadquiel

ARCÁNGEL MIGUEL

"Protección e inspiración"

Cuando te doy mi protección y mi amor también tienes mi inspiración. La inspiración te ayuda en esos momentos de crisis y aflicción, es tu conexión con el Espíritu Santo, es esa parte amorosa en ti que te hace vibrar y sentirte confiado que estás siendo guiado y protegido. La protección que yo te doy es la de un padre bueno a su hijo, cuando le da todo su amor y sus cuidados, así como a un niño pequeño te estoy protegiendo. Mi fuerza es la luz del Dios omnipotente, es la misma luz que brilla en ti. Cuando las dudas te atrapen, confía en tu inspiración porque es mi regalo para que siempre estés en comunión con el amor, que es la Divinidad. ¡Dios es el amor infinito e incondicional!

Arcángel Miguel

ARCÁNGEL JOFIEL

"Confía en la ayuda angelical"

Yo soy la iluminación y la sabiduría, yo soy la belleza que brilla dentro de ti, soy quien te cuida y te protege en tus momentos de oscuridad, yo soy el que te saca de los momentos de tormento y te regresa a la calma, yo soy la fuente infinita y divina de amor, soy el rayo de luz de Dios. Mi luz y mi sabiduría están en ti, también están contigo todos los Ángeles de la banda de la iluminación, que te guardan y te acompañan en todo momento. Cuando sientes que no hay luz en ti, es porque has dejado de confiar en quién eres y quien te ha creado. Cuando confías, tú eres uno con la fuente divina de Dios. Sigue confiando que mi luz está siempre brillando dentro de ti. ¡Yo soy la iluminación!

Arcángel Jofiel

ARCÁNGEL CHAMUEL

"Sanación energética angelical"

Todo a tu alrededor está siendo sostenido con mi energía rosa y tu corazón que es parte del amor universal. El amor universal te está sosteniendo también a ti, a tu cuerpo, tu mente y a tus emociones. La fuerza de la energía rosa depende de tu manera de pensar porque eres parte de la fuerza divina de Dios. La sanación del mundo y de todo el universo depende de ti y tus hermanos. Tú puedes sanar tu mente, tu cuerpo y a tus hermanos, con la fuerza del amor. Si tu misión en la vida es la sanación, necesitas estar vibrando en la energía rosa del amor angelical. La sanación está en ti, mis Ángeles te están ayudando a vibrar en la energía universal que es el amor. ¡Tú eres sanación porque eres un Santo hijo de Dios!

Arcángel Chamuel

ARCÁNGEL GABRIEL

"Revelaciones amorosas"

Cuando levantas tus ojos al Cielo azul, es porque estás esperando una revelación. Estás esperando un mensaje de la Divinidad que te haga sentir esperanzas, que te alimente tu alma en momentos de aflicción. Estás esperando ver en el azul del Cielo una revelación amorosa de tu Padre, para poder continuar viviendo en el plano terrenal. Cada vez que tu mirada se posa en el Cielo, hay miles de Ángeles y Arcángeles celebrando que estás tratando de encontrar señales, y ellos amorosamente te guían por el camino correcto. El amor de Dios es como el azul del Cielo, como polvo de estrellas que se expande por todas partes, dándote esa revelación amorosa que tú tanto esperas. Esa revelación amorosa es la confirmación que eres parte de la Divinidad, que Dios siempre está en ti brillando como una chispa infinita, que te da calor y fuerzas para saber quién eres. Eres parte de la creación de paz, luz y amor. ¡Soy la revelación de Dios!

Arcángel Gabriel

ARCÁNGEL RAFAEL

"Equilibrio mental"

Imagínate el verde de las plantas, de los árboles, y el verde esmeralda de la naturaleza. Naturaleza significa que todo lo creado desde el principio está organizado en una forma natural. Es la creación natural del Universo, Dios, que también te incluye a ti. Eres por naturaleza creado perfecto, sano, y con el equilibrio mental para poder comprender con sabiduría lo que tienes que hacer que no es dañino para ti ni para los demás. Yo, el Arcángel con la luz sanadora de Dios te digo, "tus plegarias son escuchadas y contestadas a cada segundo". La sanidad te acompaña con el color verde esmeralda. ¡Soy la medicina de Dios!

Arcángel Rafael

ARCÁNGEL URIEL

"El fuego de la verdad"

Soy el rayo de fuego de la verdad absoluta. Te ayudo a encontrar todo lo que es verdad y que no puedes ver. La verdad es siempre la voluntad del Creador, que te ayuda a encaminar tus pasos hacia el mundo espiritual, donde puedes corregir tus errores y trabajar en la limpieza de tu alma. La verdad es descubierta a través de la sabiduría espiritual que es mi luz. Todos los que están en el proceso de encontrar su misión de vida trabajando como maestros, guías espirituales, sanadores, y todos los trabajadores de la luz, tienen mi protección e iluminación. Yo y mis Ángeles les estamos ayudando a encontrar el lugar preciso, y las personas adecuadas a quienes van a ayudar. Mi luz, es el fuego de la verdad que te guía en el camino para alcanzar tus metas espirituales y personales. ¡Soy quien ilumina tus pensamientos!

Arcángel Uriel

ARCÁNGEL ZADQUIEL

"Liberación"

Levanta tu frente y mira adelante, no hay paredes, muros, ni cadenas atándote al suelo. Las puertas están abiertas para que salgas y emprendas tu vuelo a la libertad. Las ataduras están rotas, y eres libre para crear un nuevo amanecer en tu vida, con la dulce fragancia de amor incondicional. Mi luz violeta ha sanado todas las energías negativas que te tenían prisionero. El dolor y el sufrimiento han sido transmutados completamente. La justicia de Dios es el perdón. ¡Yo soy amor!

Arcángel Zadquiel

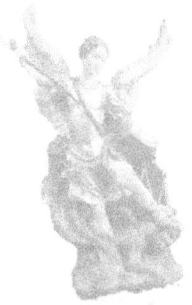

ARCÁNGEL MIGUEL

"Contestación de oraciones"

La fortaleza, la confianza y la inspiración para trabajar en tu misión de vida personal y espiritual, ha llegado a ti. Estás en armonía porque mi luz ha deshecho tus miedos y te has renovado. Tus oraciones y peticiones han sido escuchadas y contestadas. No hay oración ni petición que no tenga respuesta de Dios a través de sus Ángeles. Cuando tienes la fuerza y confías que eres un hijo de Dios abundante y poderoso, puedes ver los milagros manifestarse. Verás caer los milagros sobre ti y tus seres queridos como una lluvia de pétalos de rosas. Porque cuando confías te abres a la posibilidad, y las bendiciones son reveladas y manifestadas en tu vida material y espiritual. Tú eres un bendito hijo de Dios que esta provisto de todo. Yo te ayudo a apartar el miedo de ti para siempre para que disfrutes de las bendiciones celestiales, porque eres libre de las ataduras del miedo. Hoy puedes ver tus dones y regalos celestiales que por herencia te pertenecen. ¡Soy la fuerza y el amor infinito de Dios!

Arcángel Miguel

ARCÁNGEL JOFIEL

"El amor como aprendizaje"

El aprendizaje más importante que tú necesitas no es del mundo terrenal, pero este es el lugar apropiado para practicarlo. El amor es tu objetivo, amarte a ti mismo y a los demás incondicionalmente. Ese es tu reto que te regresa de nuevo a casa. Tú eres amor y lo puedes notar en los momentos de inspiración cuando entregas tu voluntad a tu Padre. Ya has despertado y empezado el viaje de regreso a tu Padre, porque en realidad nunca te has ido, solo has olvidado que eres parte de la luz, de la luz universal que es Dios. Hoy con tus ojos abiertos a la realidad, puedes ver tu luz y la luz que puedes llevar al mundo para ayudar en el despertar. Ese es el despertar que yo estoy dándote, tu iluminación. Es el momento perfecto para brillar y embellecerte. La iluminación es un cambio de conciencia cuando tú vives la gracia de Dios. Ve y reparte luz porque tu luz es amor, el amor es la salvación. ¡Somos luz, el amor infinito de Dios!

Arcángel Jofiel

ARCÁNGEL CHAMUEL

"Belleza espiritual"

Estoy dejando descender sobre ti, una lluvia de bendiciones de amor, para cubrirte a ti, a tu pueblo, y a todos tus seres amados.
La belleza espiritual es tu pureza, tu santidad; es todo lo contrario al odio y al rencor. La belleza espiritual es amor, la energía que te ayuda a estar en frecuencia con Dios. Cúbrete bajo mis alas y siéntete envuelto en un manto de luz rosa cálido y amoroso. Mi luz rosa te viste de protección angelical para que solo pueda llegar a ti el amor. No hay nada negativo que pueda lastimarte porque estás bajo mi resguardo. Si sientes que tu nivel de vibración amorosa está bajando, pide que mi manto de color rosa te envuelva, y deja que tu corazón se llene de mi amor y pureza. Siente tu belleza espiritual, porque eres espíritu. Eres amor creado por la Divinidad. ¡Soy la luz amorosa y protectora de Dios!

Arcángel Chamuel

ARCÁNGEL GABRIEL

"Encuentra tu misión de vida"

Es justo en este momento que necesitas saber escuchar. Sigue tu intuición, ese sentir de tu corazón, pon atención a tus sueños y a tus ideas inspiradas en tu mente. Te estoy guiando a tu misión de vida. Tu misión de vida es tu inspiración, es el desarrollo de tus talentos y dones que Dios te ha dado. Permíteme guiarte y acompañarte en esta misión, yo quiero que estés en victoria. Es una victoria trabajar en tu verdadera misión de vida, porque es lo que viniste a hacer a este mundo, y yo te estoy ayudando. Solamente, abre tu corazón y haz lo que estés inspirado a hacer. Yo estaré ahí contigo para apoyarte y para celebrar tu triunfo. ¡Siempre te estoy guiando!

Arcángel Gabriel

ARCÁNGEL RAFAEL

"Sanidad del Cielo"

La sanidad del Cielo viene a ti para liberarte de todo mal que te aqueja. Mi rayo de luz esmeralda no solo sana tu cuerpo y tu mente, sino también tu alma cuando no puedes encontrar la paz. La depresión y ansiedad que te causan desesperación y miedo, hoy quedan disueltas. No importa si es cáncer terminal o un simple resfriado, para el amor de Dios no hay diferencia en la sanación. Cuando confías en la sanación del Cielo, no hay enfermedad que no puedas curar. Tus enfermedades son solo una percepción equivocada de tu mente porque te sientes separado de tu Padre. ¡Dios sana tu mente!

Arcángel Rafael

ARCÁNGEL URIEL

"Estabilidad emocional"

Tu vida puede ser un caos si tú no pones reparo en tus pensamientos negativos, y permites que tu ego se exalte en tus momentos de debilidad. Mi luz te guía a que encuentres en tu mente ese espacio para meditar y alejarte de situaciones y personas conflictivas. Mi luz también te guía a ser consciente cuando una relación se está volviendo tóxica para que tomes responsabilidad y no sigas haciéndote daño a ti mismo ni a los demás. Mi luz es paz, amor y descanso, donde tú te puedes refugiar cuando te sientes confundido. Mi luz ilumina tu mente para que encuentres la estabilidad emocional y evites conflictos en tus relaciones de pareja, familiares, de trabajo y de amistad. Mi amor y mi luz te traen el sosiego, la armonía, y la paz a ti y a todos tus seres queridos. Confía en el amor incondicional de tu Padre para ayudarte a poner en orden tu vida. ¡Siempre estás en la presencia de Dios!

Arcángel Uriel

ARCÁNGEL ZADQUIEL

"Misericordia"

La misericordia empieza desde tu casa, o sea, de ti mismo. No puedes perdonar a los demás y seguir crucificado. No puedes ayudar a los demás a dejar el sufrimiento cuando tú te estás torturando. Jesucristo ya no está crucificado, Él vino a dar un aprendizaje de vida, no de muerte. Si su crucifixión fuera un símbolo de muerte y sufrimiento, Él estaría sepultado, pero ¡Él vive, y vive para siempre! Hoy por tu libre albedrío escoge ser misericordioso contigo mismo y esa misma compasión se extenderá a los demás. Mi luz te ayuda a transmutar todo tu sentimiento de autocastigo para que puedas perdonarte y perdonar. ¡La luz de la justicia de Dios viene hoy a ti para que seas justo contigo mismo!

Arcángel Zadquiel

ARCÁNGEL MIGUEL

"Protección angélica"

Te protejo y al mismo tiempo estoy enviando a tus Ángeles de la guarda a inspirarte. Te estoy llenando con el espíritu de la devoción y la fidelidad para que puedas amarte plenamente y sentir que eres parte de la gracia de Dios. Cuando tú estás inspirado confías, porque estás en el espíritu y el ego está quieto. Ya no tengas miedo y ve en tu interior la "luz divina", "tu alma", que nadie ni nada puede hacerle daño porque es Dios en ti. ¡Estás resguardado por el más alto, Dios en toda su extensión!

Arcángel Miguel

ARCÁNGEL JOFIEL

"Sabiduría Divina"

Mi rayo amarillo se extiende por todo el mundo para darte la iluminación y que encuentres la sabiduría en ti. Tu grandeza es incomparable cuando piensas con la mente recta de Dios, y estás en presencia del "Yo Soy". Puedes admirar a los sabios por sus logros terrenales porque usan su inteligencia humana, pero nadie puede ser en realidad sabio si no ha conocido el don de amar. Si no han puesto atención a sus sentimientos amorosos para ayudar a rescatar al prójimo del sufrimiento, no son más ni menos que la fachada del ego para impresionarte de su señorío terrenal. No hay sabiduría si no se ha conocido el amor. ¡Soy la luz de la sabiduría divina de Dios!

Arcángel Jofiel

ARCÁNGEL CHAMUEL

"Expresiones amorosas"

Las expresiones de amor que tu Padre tiene para ti son innumerables, pero mi expresión de amor para ti hoy es el milagro de que puedas ver todas las bendiciones en ti. Yo te estoy elevando tu vibración y ayudándote a encontrar todos esos regalos que no puedes ver. Te estoy guiando a encontrar tu sensibilidad, para que abras tu corazón y puedas recibir, y al mismo tiempo dar, porque vas a poder ver lo abundante que eres. Cuando veas la riqueza en ti vas a sentir el deseo de compartir todos esos regalos que se van a ir multiplicando cada vez más. El amor de Dios es infinito y nunca deja de cuidarte. Es una fuente incesable de amor y bendiciones que solo puedes ver cuando te das cuenta de quién eres. Nunca me canso de repetir lo mismo, "eres creación infinita de Dios". ¡Eres abundancia y crecimiento como la misma fuente de amor!

Arcángel Chamuel

ARCÁNGEL GABRIEL

"Inspiración amorosa"

Estoy tocando tu corazón para estimular y desarrollar tu inspiración amorosa. Hoy puedes cortar una flor en el jardín de tu mente, encontrar tu pareja ideal o el trabajo de tus sueños. No hay nada que tú no puedas lograr con tu inspiración. Eres inspiración porque eres espíritu, lo creado por Dios para embellecer el planeta. Tu inspiración crea incesablemente, y cuando estás en tu mente recta creas un mundo de bendiciones. Las bendiciones fluyen a tu alrededor junto con los Ángeles celestiales que también son parte de la creación de Dios. Solo tienes que estar en silencio con tus ojos cerrados o abiertos para entrar en contacto con tu Creador, el Universo, que es Dios. ¡Estás bajo mi protección y amparo angelical!

Arcángel Gabriel

ARCÁNGEL RAFAEL

"Luz sanadora"

Mi luz verde esmeralda es encantamiento del amor de Dios que penetra dentro de todo tu ser para sanarte. No hay dolor físico, mental o espiritual que no se pueda curar cuando tú abres tu corazón y aceptas ayuda. Mi luz, que es la luz sanadora de Dios purifica tu ser. Tu alma es la parte divina en ti que nadie puede dañar porque es inmutable como el amor de Dios. Si tú aceptas la sanación en ti, tu mente y tu corazón estarán en armonía y encontrarás el balance en todas las áreas de tu vida. Cuando aceptas la sanidad, abres la puerta para encontrar la felicidad, el amor, el bienestar, y la abundancia que ya es en ti. Si has aceptado la sanidad en ti, hoy regresas al mundo de la alegría. Todo el pasado de dolor está convertido en amor. Mi luz y tu luz son una en la santidad divina de Dios. ¡Ya eres sano!

Arcángel Rafael

ARCÁNGEL URIEL

"Abundancia y prosperidad"

Dios que es creatividad y sabiduría omnipotente te está totalmente apoyando y resguardando, y proveyéndote todo lo que tú necesitas. Yo soy el representante de la sabiduría y la creatividad del Padre, estoy aquí para suplir todas tus necesidades físicas y espirituales y las de tus seres queridos. Abre tu corazón para recibir la gracia, dones y bienes que están dispuestos para ti. No rechaces la abundancia con pensamientos de desamor porque bloquearás la entrega de tus regalos. Estoy siempre cerquita de ti, respira profundamente, con amor llama mi nombre, yo estaré contigo cubriéndote con mi luz, la luz bendita de Dios. ¡Soy la representación de la sabiduría y abundancia del todopoderoso, Dios!

Arcángel Uriel

ARCÁNGEL ZADQUIEL

"Transmutación"

Tu realidad es creatividad porque piensas con la mente de Dios cuando dejas a un lado tu ego y estás en tu mente recta. Fuiste creado para brillar y ser feliz cuando no tienes miedo y decides ser el autor de tu vida. Tú decides lo que quieres hacer con tu vida, es tu decisión si quieres vivir en calamidad o en abundancia. Hoy mi luz violeta, el fuego de Dios, te ayuda a transmutar tus pensamientos del ego para que te sientas completo, un hijo de Dios con la fuerza y la libertad de crecer, y verte y sentirte grande como lo que eres. ¡Crea y siéntete merecedor! ¡Sigo cuidando de ti para siempre!

Arcángel Zadquiel

ARCÁNGEL MIGUEL

"La fuerza del amor"

Mi fortaleza es muy grande porque soy parte del amor total. No hay fuerza más grande que el amor. Hoy entro en tu corazón para moverte en compasión y ternura, y llenarte de amor incondicional. Te invito a dejar el encierro en el que te encuentras, y que busques un lugar en la naturaleza donde te sientas inspirado para conectar con la Divinidad. Camina sobre la yerba mojada y disfruta del color y aroma de las flores. Siente la brisa moviendo las hojas de los árboles con sutileza y gracia. Siente que eres parte del universo, respirando y relajándote. Si en algunos momentos no puedes conectar con mi energía, escucha el murmullo del viento, porque es mi voz diciéndote que estoy ahí cuidando de ti. ¡Yo soy la luz infinita del universo!

Arcángel Miguel

ARCÁNGEL JOFIEL

"Limpiando energías negativas"

Tu alma es siempre parte de la luz, pero tu mente dual se deja guiar por el ego. En esos momentos que sientes que estás perdiendo la razón porque la ansiedad y el dolor te están agobiando, es tiempo de empezar a limpiar las energías negativas que te hacen vibrar en el miedo. Visualiza mi luz amarilla que es más brillante y clara que el sol, es como el oro puro e incorruptible. Permite que mi luz entre por la coronilla de tu cabeza y que se expanda por todo tu cuerpo, iluminando cada espacio de tu ser. Todo tu ser está siendo limpiado y purificado con mi luz, siente todo tu ser fluyendo en armonía, la armonía de amor que hay en ti. Mi amor y mi luz ha embellecido tu mente y ha cambiado tu manera de pensar. Recuerda que tus pensamientos de miedo generan miedo y ansiedad, y tus pensamientos de amor crean amor y serenidad. Mi amor es perfecto e incondicional donde te puedes refugiar en todo momento, mi luz desaparece toda sombra que te esté causando pesar. ¡Soy la luz purificante del Altísimo Dios!

Arcángel Jofiel

ARCÁNGEL CHAMUEL

"Tiempo de meditar"

Siéntete resguardado con el calor y amor incondicional de mis alas, y respira el perfume de los altares de flores divinas. Escucha los cánticos celestiales, y con tus ojos cerrados visualiza una nube de Ángeles y Arcángeles descendiendo a tu alrededor. Estás cubierto de amor angelical que te hace sentir fuerte, amoroso, sano, pleno, confiado y seguro, porque los Ángeles del Señor están en guardia. Eres uno con Dios y el universo, y tus miedos desaparecen en la quietud de tu mente. No existe el tiempo ni espacio, solo tú y la Divinidad están presentes. Tú eres solamente amor, amor incondicional y te amas intensamente. No conoces el dolor ni el rencor, eres un amoroso hijo de Dios que descansa en la paz infinita y divina. Puedes conservar esta paz y ser feliz todos los días a través de la meditación, porque Dios está en ti. ¡La meditación es la conexión contigo mismo y con Dios!

Arcángel Chamuel

ARCÁNGEL GABRIEL

"Anunciación de cambios"

Si estás sufriendo y pidiendo cambios, haz algo para que ocurran. El Ángel de la anunciación hoy te dice que los cambios son importantes y no hay que oponerse a ellos, sino fluir en la infinidad de posibilidades que se están revolucionando a tu alrededor. Permite que la luz blanca ilumine e inunde tu corazón con el deseo de vivir los cambios positivos en tu vida. Acepta los cambios, recibe todo lo que viene con amor y humildad, confiado que Dios, la Divinidad, estarán presentes ayudándote a llegar a obtener lo más preciado que tú estás anhelando. ¡Soy la verdad, la fuerza y la revelación, y estoy a tu lado ayudándote a encontrar tu camino!

Arcángel Gabriel

ARCÁNGEL RAFAEL

"Enfocarse en la sanación divina"

Yo soy la luz que sana, solo enfoca tu mente en la sanación divina. Estoy contigo en tu desesperación, también en tu dolor, en la angustia, en la tristeza, en la agonía y en todo momento, porque mis brazos son para que tú descanses en ellos. Mi luz te envuelve con dulzura y te ayuda a respirar en calma. Esa calma que tú muchas veces no encuentras, pero si pones atención te darás cuenta de que siempre hay una pausa para ese respiro de amor. Siempre hay tiempo para sentirte amado y acompañado porque nunca estás solo, mi luz nunca te deja. Cuando te sientes desvanecer ahí estoy dándote mi apoyo y esperando por tu llamada de auxilio para poder sanarte. Cuando no sientas mi presencia, permite que la Divinidad sane tu cuerpo y que ponga en paz tu alma. La sanidad llegará al instante en una manera sutil y amorosa, acompañada con mi luz verde esmeralda que es la esencia de Dios. ¡Dios Sana!

Arcángel Rafael

ARCÁNGEL URIEL

"Liberación de las ataduras de la prosperidad"

Hoy llega la bienaventuranza y la liberación de las ataduras de la prosperidad. Hoy tus manos se llenarán de regalos de sabiduría de Dios y bienes materiales. Contempla en silencio sin juzgar, perdónate por despreciar la energía de lo económico y corta definitivamente todos tus prejuicios con respecto a la riqueza material, incluyendo dinero, amor, salud y el bienestar absoluto. Hoy por tu libre albedrío entrega toda tu carencia a la Divinidad y tus pensamientos de miedo de tu manera de ver la riqueza. Dios con su luz y sabiduría infinita te está ayudando para que hagas cambios, te da el poder de transmutar todas tus carencias en riqueza material y espiritual. ¡La prosperidad y bienestar son en ti!

Arcángel Uriel

ARCÁNGEL ZADQUIEL

"Disolución de recuerdos dolorosos"

Visualiza la estrella de la luz violeta, es la llama de fuego purificante que disuelve las energías negativas de tus recuerdos de dolor. La disolución de tus recuerdos dolorosos hoy es una realidad si tú permites que la luz violeta purifique tu mente, para deshacer todo lo negativo que has venido acumulando por generaciones de sufrimiento. Mi llama de luz violeta purifica también tu cuerpo y los entornos en donde te mueves tú y tu familia. La luz violeta purifica y transmuta todo lo que te hace sufrir y que te causa dolor. La purificación y sanidad de los recuerdos del pasado están en ti. ¡Soy la justicia divina y amorosa de Dios!

Arcángel Zadquiel

ARCÁNGEL MIGUEL

"Sanando el pasado de dolor"

Pon tus experiencias de vida enfrente de ti, e identifícalas por el grado de dolor con que las has juzgado y ve eliminando la que tú sientas que más dolor te ha causado. Si analizas la situación te darás cuenta de que no hay dolor grande ni pequeño porque todo ha pasado, no existe, pero al recordarlo lo sigues juzgando como doloroso y te haces daño porque no quieres soltar el sufrimiento. Te gusta experimentar dolor para sentir lástima de ti mismo y culparte a ti o a los demás por el dolor que tú mismo te estás infringiendo. Ya no sigas crucificado, es un acto de pena para sentir que Dios no te ha cuidado. ¡Mi luz te hace fuerte!

Arcángel Miguel

ARCÁNGEL JOFIEL

"Aprendiendo a escuchar y a confiar en la Divinidad"

Te estoy ayudando a llenarte de amor y de luz, a escuchar a tu corazón y a seguir tu intuición. Dios te está hablando a través de mi luz, a través de tus guías espirituales. Dios está siempre hablándote a través de esas voces amorosas que te dicen que tomes el camino correcto. Dios te está diciendo que tú y tus hijos están siendo cuidados por Ángeles y Arcángeles. Dios te está diciendo que tus oraciones son siempre escuchadas y que las respuestas las estás recibiendo a través de diferentes fuentes de comunicación divina, y a través de muchas manifestaciones de amor en tu vida. ¡Mi luz está contigo!

Arcángel Jofiel

ARCÁNGEL GABRIEL

"Toma acción"

Si has estado estancado por mucho tiempo sin poder hacer esos cambios necesarios, hoy es el momento de tomar acción. Estoy moviendo mi energía inspiradora para que puedas sentir en tu corazón y tu mente la intuición e inspiración para hacer cambios. Si esos cambios son en el ámbito familiar, personal, de trabajo, o espiritual, ya estás en movimiento. Yo que soy la estrella más brillante que cuida del planeta tierra te estoy envolviendo con la energía de la acción, para que puedas hacer los cambios necesarios que te van a llevar a la felicidad. ¡Hoy como siempre tú y tus seres queridos son bendecidos y protegidos por mi amor y luz infinita!

Arcángel Gabriel

ARCÁNGEL RAFAEL

"Curación espiritual"

Yo conozco tu corazón, tu mente, tus pensamientos y tu intuición, porque es el Espíritu Santo de Dios que te ilumina todo el tiempo. Cuando tu mente y tu corazón están enfocados en el amor y el cuidado, estás consagrando tu espíritu a la Santidad que es tu curación. Estoy al cuidado de tu salud y de la sanación de todo lo que vibra a tu alrededor incluyendo tus seres queridos, los animales y las plantas. Cuido del planeta tierra e inspiro a todos a ser cuidadosos con la fauna y la flora. Las personas a tu alrededor que son cuidadores de la salud, sanadores espirituales o curanderos, están todos siendo guiados por mi luz para que tú recibas cuidados. ¡Hoy tu consagración espiritual es con Dios, que es la luz sanadora!

Arcángel Rafael

ARCÁNGEL URIEL

"Manifestación de la perfección divina"

Hoy traigo para ti el regalo de la luz del rayo oro rubí, para que te ilumine y puedas irradiar luz al mundo de la riqueza de Dios. Mi energía luminosa se manifestará en todo lo que hagas con amor, envolviéndote y conectándote con lo sagrado y la paz infinita. Siente como la energía de la sabiduría universal se mueve en tu corazón y se expande por el mundo como una lluvia gentil y amorosa. Soy la manifestación de la perfección divina que ilumina tus pensamientos para que puedas ver claramente el camino que estás recorriendo. Tus pensamientos iluminados con la sabiduría de Dios se convierten en palabras o signos que tú usas para conectar con los demás que necesitan la iluminación. Esta es tu misión de vida, llenarte de luz divina y expandirla. ¡Hoy el rayo de luz oro rubí se desarrolla en ti y crece en bendiciones y milagros para ti y tu familia!

Arcángel Uriel

ARCÁNGEL ZADQUIEL

"Tiempo de sanar karma"

Hoy mi luz violeta te ayuda a perdonar y a transmutar todo el karma que traes de esta y de vidas pasadas. Ya no sigas acumulando más sufrimiento, si perdonas el pasado de dolor hoy, ya no tendrás que sufrirlo en el futuro. Hoy te ofrezco la sanación de tu dolor kármico con el perdón y la transmutación. Todo está en tus manos, toma la decisión del cambio a una vida sin dolor para siempre. Por tu libre albedrío, di que hoy tomas la decisión de perdonar para transmutar el dolor y ser feliz. ¡Soy el perdón y la transmutación que ha llegado a ti!

Arcángel Zadquiel

ARCÁNGEL MIGUEL

"Gracia y protección"

La luz protectora de Dios está resplandeciendo sobre ti y tu familia. Estás viviendo en la gracia divina universal. Hoy tú, tu familia, y todo lo que te pertenece, están bajo mi poderosa y amorosa protección y amparo. Levanta tu corazón y recuerda hoy que siempre has estado protegido y lo seguirás estando. Soy la luz de la fuerza de Dios que te defiende y te aparta de la oscuridad. Te ayudo a deshacer tu ego para que no haya sombra en ti. Mi luz sana tu mente de la ignorancia y la inconsciencia que te esclavizan al mundo material. Sano tus emociones y sentimientos de dolor del pasado que te hunden en la tristeza y ansiedad. Soy la iluminación que guía tus pasos y te libera del miedo. La gracia y la protección divina te dan la fuerza de voluntad para que te afrentes a la vida con seguridad y puedas lidiar con todos los desafíos. Mi luz también protege tu mente de pensamientos de desamor y te libera de las fuerzas del mal. ¡La gracia y la protección de Dios están en ti!

Arcángel Miguel

ARCÁNGEL JOFIEL

"Sanación emocional a través de la sabiduría divina"

Es tiempo de fluir con la energía del amor. La pureza de tu corazón es la luz que guía a tu mente a encontrar la sanación de todos tus sufrimientos acumulados en toda tu existencia. Cuando la fuerza del amor llega a ti, ya no hay más dudas, para permitir que la sabiduría te haga fluir. El mundo espiritual está en ti no afuera de ti. El mundo espiritual se va desarrollando poco a poco a manera que tú vas permitiendo que la luz llegue a tu ser. Entre más sabes canalizar la sabiduría divina, tu mente se empieza a expandir y brillar, y de repente te das cuenta de que estás muy alto, que ya no estás estancado en el dolor emocional que te aprisionaba. Te das cuenta de que estás volando alto como un águila con tus alas extendidas, y que nada ni nadie te puede parar porque te has sanado. ¡Hoy puedes ver la luz de Dios en ti!

Arcángel Jofiel

ARCÁNGEL CHAMUEL

"El mundo espiritual te sostiene y protege"

El mundo espiritual te está sosteniendo con ternura y amor. El amor y la luz que hay en mí, es la misma luz dentro de ti que está fluyendo proveniente de nuestra fuente eterna. Hoy, te ayudo a encontrar esa luz de amor en ti que brilla más que el sol, pero no puedes verla porque estás buscándola en el lugar equivocado. Mira dentro de tu corazón y te darás cuenta de que esa luz está en ti permanentemente y te ayuda a quitar los velos del dolor, la enfermedad, el odio, la envidia, la ira y el desamor, que está causando el miedo que es parte de tu ego. Cuando logres quitar esos velos, vas a poder encontrar tu verdadera identidad que es tu luz. Tú eres luz y amor como nuestra fuente infinita, no sigas siendo esclavo de la oscuridad de tu ego, porque te hundirás en el dolor y la infelicidad. Yo te ayudo a encontrar el camino hacia tu "Ser Superior" donde descubrirás que estás siendo protegido y resguardado en cada momento de tu vida por la Divinidad. ¡Eres un ser de luz y amor, solo tienes que creerlo y aceptarlo!

Arcángel Chamuel

ARCÁNGEL GABRIEL

"Entiende tu misión de vida"

En mis manos hay lirios blancos y agua cristalina de los manantiales celestes, para que puedas sentir el renacimiento en ti. Mi agua sagrada te ayuda a ver con claridad y a entender el verdadero significado de tu vida. Siendo el mensajero principal del amor total, con voz de alerta te digo que, si estás fuera de tu misión de vida, hoy es el tiempo de entenderlo y cambiarlo. Si no estás en tu misión de vida, estás sufriendo por alguna razón. Si estás haciendo un trabajo o desempeñando cualquier otro rol que no lo disfrutas y que no te hace feliz, es tiempo de recibir el mensaje de la verdad, el mensaje de sabiduría para tu perfección. ¡Mi luz te está guiando en la dirección correcta, pero eres tú quien tiene que tomar la decisión final y ponerte en movimiento creativo para tu despertar!

Arcángel Gabriel

ARCÁNGEL RAFAEL

"Equilibrio espiritual"

Soy el color de la sanación, la luz que ilumina tu salud y te da plenitud; la luz verde esmeralda de la naturaleza de Dios en la tierra que entra en tu "Ser" y renueva tu espíritu, dándote equilibrio emocional y físico. Disfruta del ambiente verde y despejado donde te sientes tranquilo y contento. Acompáñate de tus seres queridos y vive la felicidad de la salud y el bienestar. Te regalo mi sabiduría para que puedas madurar tus ideas y conocimientos de sanación, y puedas ayudar a sanar al mundo. Yo soy el corazón que vibra de amor en ti, que se renueva cada vez que es necesario, te sonrío con bondad y misericordia para que puedas ver la gracia en ti. La Divinidad está en ti porque yo la he depositado en tu mente, me regocijo de ver tus actitudes amorosas con los demás. Ya puedes entender la sabiduría de Dios y ver que tú eres un ser sano y completo. Solo hay en ti las cicatrices del dolor que soñaste que agonizabas. ¡Eres equilibrio espiritual de Dios!

Arcángel Rafael

ARCÁNGEL URIEL

"Abundancia amorosa espiritual"

El mensaje de hoy es el regalo del reconocimiento de la abundancia amorosa espiritual, porque cuando eres abundante espiritualmente ya no necesitas nada más porque estás lleno de amor. Nadie que haya comido y bebido lo suficiente tiene hambre o sed, lo mismo pasa cuando tú sientes y vives la abundancia amorosa espiritual, ya no necesita nada. La abundancia espiritual es la que Dios te ha dado y yo te la estoy confirmando hoy. Si no te sientes abundante espiritualmente, siempre vas a estar en carencia porque no tienes paz y quieres llenarte de cosas materiales, para suplir la necesidad espiritual que te cause el sentimiento de sentirte separado de la Divinidad. Estoy iluminando tu mente con sabiduría divina para que puedas vivir y disfrutar de los tesoros celestiales. ¡Soy el fuego del espíritu de Dios!

Arcángel Uriel

ARCÁNGEL ZADQUIEL

"Transmutación del karma"

Hoy te voy a enseñar cómo perdonar desde el corazón, a cómo regirte a través del amor y de la compasión. Hoy es día de sanación y transmutación del karma. Tu dolor, tu angustia, ansiedad y desesperación se deben al karma que estás arrastrando, esos lastres en tu alma que no has podido despegar de ti. El karma solo se puede transmutar a través del dharma, donde empleas una conducta piadosa y correcta de perdón. El dharma sana tu karma porque es lo opuesto, es hacer un balance donde permites que el bien corrija tus errores del pasado. Es ley de la causa y efecto. ¡Es tiempo de sanar y de permitirte vivir en tu estado de gracia al lado de tu Padre!

Arcángel Zadquiel

ARCÁNGEL MIGUEL

"Liberación de los apegos materiales"

Estoy aquí para ayudarte a pelear las batallas en contra de las fuerzas que se oponen a que veas con claridad. Las fuerzas de la oscuridad son parte de tu ignorancia, la inconsciencia y la esclavitud, a tus apegos materiales y a tus emociones. Tu mente que es dual se deja guiar más por el ego que por la parte divina, porque te sientes un ser material. Mi luz que ilumina tus caminos para liberarte de la oscuridad y el miedo te ayudará a ver que eres un ser espiritual. Mi amor te dará la fuerza y la voluntad para afrentarte a todos los retos que te va a poner el ego. La fe y la esperanza estarán siempre de tu lado cuando quieres acudir a ellas. ¡Cuando te alejes un poco del mundo material, te verás brillando con gran luz y podrás encontrar el equilibrio y la fuerza para vencer toda energía que no sea amorosa, y podrás vivir en la gracia de Dios!

Arcángel Miguel

ARCÁNGEL JOFIEL

"Empoderamiento"

Soy la luz, el rayo amarillo, la belleza de Dios que te envuelve y te ayuda a fluir en sabiduría hasta llegar al empoderamiento. La sabiduría no es solamente tus aprendizajes de estudios y trabajos, porque puedes estar muy preparado culturalmente y no ser sabio. La sabiduría que necesitas demostrar es tu amor al prójimo, mirando a todos por igual sin usar el especialísimo. La sabiduría del amor es lo que te hace fluir y empoderarte. Nadie es menos o más que tú, tampoco nadie es menos o más importante que el resto de los demás. Cuando tú puedas ver a los demás con la misma luz, tendrás fuerzas y habrás alcanzado la sabiduría superior para ayudar a los demás en el mundo a empoderarse con amor. Practica el amor incondicional y la sabiduría infinita que hay en ti. ¡Usa la sabiduría de Dios en ti!

Arcángel Jofiel

ARCÁNGEL CHAMUEL

"Energía universal"

Si estás vibrando en amor te has dado cuenta de que es la energía que te eleva al Cielo. La energía universal es el amor, es lo que hace todo posible. La llegada a tu Padre es solamente a través del amor. Yo que me encuentro vibrado en la presencia de lo más Santo y Sagrado te muestro el camino para el regreso a casa. Mis Ángeles de la llama rosa te ayudan a que te mantengas vibrando en la energía universal. Cuando sientas tristeza, dolor, desasosiego y soledad, respira profundamente, sonríe y recuerda quién eres. No permitas que el miedo invada tu mente, alma y corazón. Acude a mí en cada momento para ayudarte a vencer toda energía de baja vibración que te esté causando dolor y sufrimiento. Mantén tu mente y tu corazón abiertos para recibir ayuda, y yo y mis Ángeles estaremos rescatándote de tu miedo cada vez que sea necesario. ¡La energía universal es el "amor", y está en ti para que puedas encontrar todo lo que necesitas!

Arcángel Chamuel

ARCÁNGEL GABRIEL

"Ideas creativas para producir cambios"

La inspiración nace y crece en lo más profundo de tu corazón y brilla en tu mente para manifestarse en una obra de arte. Los papeles que estás desempeñando son grandiosos. Te estoy orientando y guiando para mejorar tus proyectos artísticos y la comunicación. No hay nada que esté fuera del alcance de tus manos. Tienes una mente creativa que te ayuda a producir los cambios necesarios para mejorar tu vida familiar, laboral, personal y espiritual. Tu inspiración es el espíritu de Dios en ti ayudándote a superar tus miedos duales, para que puedas tomar decisiones importantes. ¡La energía de la motivación y cambio está fluyendo hoy en ti!

Arcángel Gabriel

ARCÁNGEL RAFAEL

"Equilibrio emocional"

El Ángel de la curación está a las puertas y viene con la fuerza del rayo de luz verde para equilibrar tu mente. Yo que soy la cura de Dios, estoy iluminando esos problemas emocionales que son los causantes de tu desespero, ansiedad y dolor físico. Vamos a comenzar por darte el poder de la verdad. Siempre te hablo de la verdad y lo seguiré haciendo hasta que seas consciente que es necesario tener una visión interna o visión divina. La fuerza del recurso de la creación de la visualización de la verdad te ayudará a concentrarte y a tener una percepción correcta de quien tú eres y de lo que eres capaz de hacer con el poder de tu mente. ¡La sanación de Dios está brillando hoy en ti!

Arcángel Rafael

ARCÁNGEL URIEL

"La luz de la existencia de Dios"

Yo miro tu luz, miro tu alma que es noble y bondadosa. Es la parte divina que tú también puedes ver en ti mismo y en tus semejantes. Tú puedes ir al encuentro de las almas cuando buscas a tu hermano con amor y sin juicios. Soy el Espíritu Celeste de la sabiduría de los tronos angelicales donde mora tu Padre. Mi hermano Raziel está conmigo para ayudarte guiándote a un despertar de conciencia. Te ayudaremos a ir adentro de tus pensamientos traspasando todas las barreras de vacilaciones y falta de fe para que puedas ver el Espíritu de la Existencia de Dios en ti y en tus semejantes. ¡La salvación está en ti, solo tienes que encontrarla, es el Espíritu de la Existencia de Dios!

Arcángel Uriel

ARCÁNGEL ZADQUIEL

"Recordación del libre albedrío"

Soy la justicia de Dios que te libera del dolor y de la cárcel de tus aflicciones. Soy la benevolencia, la misericordia y el pensamiento de Dios en ti, que te recuerda que tienes libre albedrío. Tener libre albedrío significa para ti que eres libre y que nunca has estado atado ni encarcelado. Los muros que levantas a tu alrededor son la creación de tus miedos porque te has olvidado de quién eres. Hoy con tu mirada puesta en lo más alto, reconoce y acepta tu libre albedrío y empieza a crear bienestar. Mi rayo de luz violeta te va a ayudar en la transición entre lo que ves y lo que no puedes ver. Te mostraré tu Divinidad como hijo de Dios que tú no estás queriendo reconocer. ¡Eres parte de la luz divina de Dios!

Arcángel Zadquiel

ARCÁNGEL MIGUEL

"Voluntad para enfrentarse a la vida"

Cuando sientas miedo de avanzar en la vida, recuerda que soy tu fuerza de voluntad para enfrentarte a todos los desafíos que se te van a presentar en el transcurso de tus aprendizajes terrenales. Mi coraza te da la fuerza como también la seguridad y protección. Mi luz te sostiene invulnerable y con la potencia necesaria para que mantengas tu mente libre de energías negativas. Mi fuerza y energía amorosa irradia a tu alrededor para que nada ni nadie pueda tocarte y hacerte daño. Mi espada que es la luz de la fuerza espiritual te ayuda a que donde quiera que tú vayas puedas establecer paz y justicia. Yo soy la justicia de la verdad y mi amor y mi fuerza rompen todo velo de ignorancia que trate de cubrir tu visión espiritual. Si conoces de mí, no debes tener ningún temor de continuar caminando hacia al frente porque sabes que te estoy cuidando y guiándote. Mi protección es absoluta y total, en mi presencia eres salvo. ¡Soy la fuerza divina de Dios!

Arcángel Miguel

ARCÁNGEL JOFIEL

"El Poder de la luz interior"

Mi espada es la fuerza de la iluminación, es la fuerza de la luz de Dios que te embellece. La belleza que yo te ofrezco es la belleza de la sabiduría del amor, la fuerza interior que te ilumina tus pensamientos. La luz en ti es la certeza y confianza en tu misión espiritual. Te estoy guiando y ayudándote a que estés siempre en sintonía con el amor. Te doy la concentración en lo más alto para que tu mente se mantenga con pensamientos armoniosos y agradables donde se pueda reflejar la belleza y pureza de Dios. ¡Hoy puedes ver toda la belleza reflejada en ti y en el mundo que te rodea!

Arcángel Jofiel

ARCÁNGEL GABRIEL

"Comunión y oración para alcanzar la gracia"

He venido a ti para conducirte por el camino de la paz y la bienaventuranza, porque estás caminando senderos de conflictos y destrucción. Estás llegando a los límites de desesperación porque no te estás enfocando en la sanación. Hoy no te traigo rosas ni lirios blancos para darte prueba de mis revelaciones. Hoy vengo a ti con mi corazón lleno de amor para ayudarte y guiarte en la dirección correcta. He escuchado tu clamor, tu llanto y tu dolor. Estás confundido en las tinieblas de tus pensamientos de miedo. Estás huyendo de tus mismas acciones porque te estás haciendo daño. Te has dedicado a crear el caos y te envolviste en tu mismo dolor. No encuentras el camino para donde correr por socorro porque no quieres darte cuenta de que llevas cargando tu dolor a cuestas. ¡Solo el amor puede hacer el cambio a través de la comunión y la oración!

Arcángel Gabriel

ARCÁNGEL RAFAEL

"La sanación es en ti"

Soy la luz sanadora que te reviste de sabiduría para que puedas entender o ser consciente de que eres sano. Cuando tú lo crees en tu mente y tu corazón, ocurre el milagro de la sanación. La sanación es un milagro que está siempre fluyendo, esperando ser encontrado y llegar a ti. No hay manera que tú no recibas la sanación porque es parte de ti. Mi luz que es santa entra en tu mente para eliminar tus bloqueos energéticos que te hacen sufrir enfermedades dolorosas. Tu mente que es creativa no distingue lo que en realidad quiere crear, y crea enfermedad y situaciones de dolor. Si tu mente está fluyendo en pensamientos negativos no está alineada con el amor y se resiste a hacer cambios. En cambio, si fluyes en armonía positiva, vas a crear bienestar, salud y abundancia. Hoy recibe el milagro de la sanación y descansa de tu dolor. No hay nada que la luz divina de Dios no pueda sanar. ¡En este momento tu mente está recibiendo la luz verde esmeralda que sana!

Arcángel Rafael

ARCÁNGEL URIEL

"Escucha tu voz interior"

Escuchar a tu voz interior significa que estás escuchando la voz del universo angelical. Es la voz de Dios que te guía más allá de las ilusiones del ego. Tu voz interior te ayuda a poder ver las cosas que tú piensas que son negativas como una experiencia de donde puedes aprender a mejorar tu vida. Toda tu existencia en la tierra es una escuela donde si tú quieres puedes crecer y llegar a recibir el milagro de ver la luz divina en ti. Mi rayo de luz ilumina tu entendimiento para que puedas entender lo que no entiendes y ver lo que no miras. Escucha a la voz de Dios hablando porque su espíritu está en ti y te hace brillar. Mi regalo para ti es la sabiduría para que te encuentres con la parte divina que hay en ti. Cuando tengas dudas de tu riqueza espiritual y material, recuerda quién eres y fija tu pensamiento en mi luz. La iluminación llegará a tu mente para desvanecer toda duda provocada por tu mente dual. ¡La iluminación está en ti!

Arcángel Uriel

ARCÁNGEL ZADQUIEL

"Dones espirituales"

Cuando piensas en el cambio, estás pensando en la transmutación. La transmutación de tu dolor y todo lo que te hace sufrir es mi misión porque soy el fuego de la justicia de Dios. Mi justicia no es castigo si no la salvación que te rescata del mundo tenebroso de penas que tú te has formado. Pero también como parte de mi misión está entregarte dones que te ayuden a guiar tu vida en el camino del amor. ¡Mis dones son la fuerza de la transmutación del fuego de Dios!

Arcángel Zadquiel

ARCÁNGEL MIGUEL

"Confianza y fe"

Cuando sientes en tu corazón que las cosas no están teniendo el resultado que tú estás esperando es porque no estás confiando en la Divinidad, es porque te está faltando la fe. La fe es la esperanza y confianza que tú no estás solo, que estás protegido por un Ser Sublime y Superior. Es tu certeza de la existencia de Dios porque tú mismo existes como parte de su creación. No puedes sentirte feliz ni pleno si no tienes confianza y fe. Solo tienes que confiar y verte como espíritu. ¡Eres un Santo hijo de Dios!

Arcángel Miguel

ARCÁNGEL JOFIEL

"Viviendo en el espíritu"

La espiritualización de tu mente es estar viviendo y pensando en el espíritu. Es cuando tu mente dual se desconecta para darle paso a la mente de Dios en ti. Cuando permites la espiritualización mental, estás siendo sabio porque estás hablando con la sabiduría de Dios. La espiritualización mental es estar recibiendo iluminación divina de los altares celestiales para llevársela a los demás o para que la apliques en tu propia vida. La sabiduría te ayuda a ser tú mismo, a desarrollarte como lo que eres, un ser espiritual que puede ver más allá de los miedos y los sentimientos de dolor. La iluminación es parte de ti porque eres creación de Dios, permite el amor en ti. ¡Soy la iluminación, el rayo dorado de Dios!

Arcángel Jofiel

ARCÁNGEL CHAMUEL

"Respuesta a llamada de auxilio"

Refúgiate bajo mis alas y descansa en la amorosa presencia del Creador de todo lo que es. Tus Ángeles han escuchado tu llamada de auxilio y las respuestas a tus oraciones están delante de ti. La fuerza infinita del universo espiritual se está desarrollando en ti. Tu corazón se está llenando de amor y armonía para que puedas entender con sabiduría la vida. La gloria de Dios te acompaña como siempre, pero hoy tú la has descubierto. Los milagros son visibles y palpables. Los puedes ver caer sobre ti, es la salud, la abundancia, la sabiduría y el bienestar. La paz es en ti y la extiendes a los demás porque tus acciones y palabras están llenas de generosidad y compasión. La llama sagrada del amor está en ti y se expande por donde quiera que tú vayas. La respuesta a tu llamada de auxilio es la sanación. ¡El amor de Dios es en ti!

Arcángel Chamuel

ARCÁNGEL GABRIEL

"Inspiración y acción para hacer cambios"

El Ángel de las revelaciones está presente hoy para hablarte de tus cambios en tu vida presente. Este es el momento preciso para ponerte en acción. Recibe la inspiración como un regalo de la luz amorosa de tu Padre y comienza a hacer esos cambios necesarios para mejorar tu vida personal y tu vida espiritual. Pon atención a tu intuición porque es tu inspiración que te da Dios para que puedas ver tu propósito de vida. El arte está en tus manos para que puedas diseñar tu vida de la manera que tú quieres. Hoy tus dones se te están dando en una manera abundante y puedes crear con tus pensamientos. ¡Hoy el camino en la dirección correcta a tu misión de vida está revelado!

Arcángel Gabriel

ARCÁNGEL RAFAEL

"Balance emocional"

Tienes tiempo viviendo una vida desorganizada pensando que eso es todo lo que tú puedes hacer para equilibrarte, pero en realidad no estás haciendo lo correcto para poder sanarte. Necesitas tomar un descanso, meditar en tus pensamientos. Cuando tus pensamientos están revueltos no puedes tomar decisiones acertadas, así es que necesitas comenzar desde ahí. Hoy la luz verde esmeralda se adentra a tu mente y se extiende por todo tu ser para sanarte completamente. Lo único que tú tienes que hacer es tener la disposición y aceptar la sanación del Cielo. El verde esmeralda brilla en ti hoy para poder sanarte. ¡Acepta la sanación del Cielo porque te pertenece!

Arcángel Rafael

ARCÁNGEL URIEL

"Bendiciones, abundancia y plenitud"

El Espíritu de la Gracia y la Paz absoluta te bendice con abundancia y plenitud. La luz de la sabiduría de Dios resplandece a tu alrededor y sobre toda la humanidad para que reciban el poder del bienestar. Hoy estoy comandando a la banda de los Ángeles de la abundancia a llevar las bendiciones necesarias para alcanzar el estado de gracia y plenitud. Todos los miembros de tu familia, tu hogar, tu trabajo, tus negocios, tus estudios y tu salud, son bendecidos con la abundancia infinita. La felicidad, la fe, el amor incondicional, la curación y todos los poderes de Dios son manifestados para que tú puedas disfrutarlos. Los poderes de Dios son un regalo que tú como parte de la Divinidad mereces. La sabiduría de Dios te ilumina tu mente para que puedas entender que Dios está eternamente sosteniéndote. Mantén tu intención de amor en el corazón y reconoce y acepta que eres un merecedor hijo de Dios, que es digno de disfrutar el bienestar completó. ¡La abundancia pura y divina de Dios está fluyendo en ti!

Arcángel Uriel

ARCÁNGEL ZADQUIEL

"Liberando cadenas"

El resentimiento que guardas tan arraigado en tu corazón es el dolor más grande en tu vida. Ese dolor son cadenas muy fuertes y pesadas que te tienen prisionero de ti mismo. Hoy mi luz amorosa de transmutación te está inspirando y dándote la fortaleza para que puedas liberarte de las cadenas del resentimiento. Esas cadenas tan pesadas de dolor son una barrera a tu felicidad y plenitud. ¡Soy la transmutación y la misericordia que te regresa al amor!

Arcángel Zadquiel

ARCÁNGEL MIGUEL

"Fuerza del bien"

Los ejércitos celestiales están trabajando conmigo y para ti. Es una tarea incesante para poder destruir el miedo. Yo estoy representando a la fuerza infinita de Dios que es justa y lucho por tu protección. No es una lucha terrenal sino espiritual que cubre tu parte humana porque también estoy protegiendo el planeta tierra de las energías discordantes que provocan el sufrimiento. Yo soy tu protección, seguridad, poder, para deshacer todo lo que no esté vibrando en amor; tu confianza con la que puedes superar los obstáculos en tu vida. Soy tus pensamientos de amor que te ayudan a apartar las dudas de tu mente. Hoy, te invito a vestirte con los colores de mi armadura y puedas sentirte envuelto en mi luz. El universo angélico está ayudando en la limpieza del planeta y del universo completo. La mejor arma para deshacer el miedo es el amor y donde entró la luz ya no existe la oscuridad. ¡Soy el amor y fuerza de Dios protegiéndote!

Arcángel miguel

ARCÁNGEL JOFIEL

"Sabiduría y seguridad espiritual"

La seguridad espiritual es tener la certeza de quien tú eres, es cuando tienes la sabiduría divina en ti. Hoy vengo a recordarte que la apertura de tu conciencia Divina está siendo activada para tu despertar. Hoy tu luz interna brillará, la llama dorada te ilumina para que tú puedas iluminar tu mente, la mente de los demás y al mundo. Hoy la llama dorada llevará iluminación e inteligencia divina a tu cuerpo físico, mental y etéreo. Mi luz se extenderá en ti en todas las dimensiones fuera y dentro de espacio y tiempo, entrando en tus vidas paralelas. Toda tu conciencia quedará hoy llena de sabiduría divina. Hoy emprendes un nuevo camino en el conocimiento de la iluminación en el mundo espiritual. Con esta preparación podrás trabajar para cumplir tu misión terrenal con seguridad, conocimiento, y en equilibrio y armonía contigo mismo y el universo. ¡Hoy tienes la certeza que eres parte de la creación infinita de Dios!

Arcángel Jofiel

ARCÁNGEL CHAMUEL

"Sentimiento de dulzura"

La luz infinita de Dios hoy viene a ti para ofrecerte la comunión con el Ángel del amor, el Ángel de la tolerancia, de la fortaleza y de la creatividad. Soy el Ángel que te brinda pensamientos de dulzura, pensamientos de abundancia y de búsqueda de la unión y la paz divina. Mi amor es armonía que te ayuda a entrar a lo más profundo de tu mente para que encuentres tu belleza interior. Mi luz es corriente de agua fresca y sanadora que fluye infinitamente para nutrir todo lo que tú amas y creas. Los sentimientos de dulzura son tu llave para mantener la comunión con el amor incondicional. ¡La luz amorosa de Dios te acompaña!

Arcángel Chamuel

ARCÁNGEL GABRIEL

"Recupera tu propósito de vida"

Si el camino que estás recorriendo en este momento no tiene sentido o no te está haciendo feliz, es tiempo de recuperar tu propósito de vida. Es tiempo que te des cuenta de que puedes hacer cambios. No tienes que hacer las cosas de nuevo, pero si hacerlas bien. Hacer las cosas bien no significa que seas perfecto, significa que tú estás empezando a trabajar en las cosas que realmente te interesan y te dan felicidad. No hay nada de lo que hayas hecho que no sea importante o necesario en tu aprendizaje. Si lo has hecho es porque es una pieza del rompecabezas que tienes que armar. Toda experiencia es necesaria en esta vida porque te ayuda a crecer. ¡Soy la luz de la fortaleza de Dios a tu amparo y cuidado!

Arcángel Gabriel

ARCÁNGEL RAFAEL

"Sanación del Cielo"

Cada vez que con seguridad levantas tu mirada al Cielo pidiendo un milagro de sanación para ti o tu familia, la sanación llega a ti en una manera sutil al instante, o se puede tardar un tiempo para que tú la puedas ver. Que tú no puedas ver la sanación reflejada en tu salud física, emocional, espiritual o familiar, no significa que la luz sanadora no esté en ti. Yo que soy uno de los siete rayos de luz infinita de Dios, te estoy iluminando con el color verde esmeralda que es la sanidad perfecta. La sanación del Cielo es el bálsamo que purifica tu mente y tu cuerpo. ¡Acepta la ayuda del Cielo y abre tu corazón para que pueda entrar la sanación Celestial en tu vida!

Arcángel Rafael

ARCÁNGEL URIEL

"Claridad mental"

En esos momentos que sientes que no puedes encontrar tu camino y todo lo que haces te sale mal o no te sientes feliz con los resultados que obtienes. Esa situación se debe a que tienes un bloqueo mental. Mi Luz que es la sabiduría de Dios, te da la claridad mental para que puedas inspirarte y encontrar soluciones para alcanzar la prosperidad. Te guiaré en la dirección correcta para encontrar lo que realmente necesitas. Recuerda que la claridad mental es la gracia de Dios en ti, no permitas que desaparezca. ¡Soy la luz de la sabiduría de Dios!

Arcángel Uriel

ARCÁNGEL ZADQUIEL

"Compasión y liberación"

El amor de Dios es en ti y para ti. No hay manera de existir sin amor porque el amor es lo que sostiene al mundo. Con todo el amor que hay en ti no es posible que no tengas compasión por ti mismo. Mi luz violeta viene a transmutar hoy todo tu dolor y tus enfermedades, pero tú tienes que tomar la decisión de perdonar tu pasado y olvidar tus resentimientos. Deja de juzgarte tan duramente y mírate con compasión. Tu sanidad completa depende de tu compasión por ti mismo y por los demás. Vive desde el amor con compasión y serás libre. ¡Soy la luz de Dios que cambia tu dolor por amor!

Arcángel Zadquiel

ARCÁNGEL MIGUEL

"Protección"

En la consagración está la salvación, si tu vida está consagrada a Dios y confías plenamente en su fuerza y poder infinito no hay espacio para la inseguridad y miedo. Tú, tu familia y todo lo que te pertenece, están automáticamente bajo la poderosa protección y amparo de lo más alto y sagrado. Desde el mismo momento que fuiste creado tienes la protección infinita de Dios y aunque renunciases a su santo amor, su luz brillará siempre en ti. Yo como el guardián de tu seguridad física y espiritual soy testigo que Dios es la fuerza perfecta e incorruptible. ¡En los altares celestiales de lo más alto, está escrito tu nombre y tu consagración es tu salvación, y yo y todos los Ángeles tu protección!

Arcángel Miguel

ARCÁNGEL JOFIEL

"Claridad mental"

Mi luz amarilla oro te está ayudando en tu apertura mental para confrontar los problemas de índole familiar, de trabajo, de salud física y mental. Mi luz está entrando profundamente en tu mente para que veas más allá de las ilusiones del ego. Mis Ángeles de la iluminación están contigo protegiéndote y guiándote para alcanzar el nivel más alto de claridad mental para ser capaz de resolver situaciones difíciles con humildad, amor y respeto. Mi luz también te está proporcionando la energía amorosa para que fluyas y puedas tener esa conexión con el mundo angelical y con tus seres de luz. ¡Recibe la iluminación y aclara tu mente y fluye en el amor!

Arcángel Jofiel

ARCÁNGEL CHAMUEL

"Guía divina"

Si estás poniendo tu fe en lo más alto, significa que estás escuchando las palabras dulces y amorosas de tu Padre que te muestran el camino correcto. Soy el Ángel del amor incondicional y del amor divino que te envuelve y te protege de tus miedos cuando te sientes perdido. Mi rayo de luz rosa te ilumina todos los caminos que estás caminando y te ayuda a llevar la luz hasta lo más profundo de tu ser para que puedas encontrarte. Cuando confías plenamente en la Divinidad, no tienes nada de qué preocuparte porque el universo espiritual está en control. ¡Soy el rayo de luz rosa que está guiando tu vida y la de tu familia en dirección del amor y sanación!

Arcángel Chamuel

ARCÁNGEL GABRIEL

"Elevación espiritual"

Tengo una misión que cumplir, que es estar cerca del plano terrenal cuidando de tu espiritualidad, ayudándote a que la dualidad no te confunda y no te quite la inspiración. Te ayudo a vibrar bajo la luz del rayo blanco, que es fortaleza y pureza de Dios. En los momentos de abatimiento y de gran aflicción que te sientes alejado de la gran sabiduría divina y del amor de Dios, yo te ayudo con tu elevación espiritual. La elevación espiritual te ayuda a que te sientas más cerca de Dios. El mundo angelical te muestra el camino de las bendiciones y los milagros para que ya no tropieces. ¡Mantente siempre inspirado y estarás vibrando en el amor y conciencia de Dios!

Arcángel Gabriel

ARCÁNGEL RAFAEL

"La visión de la sanación"

Hoy mírate a ti mismo vestido y revestido con el color verde de la naturaleza que es también el color de la curación. Es tiempo de que empieces a tener una visión diferente de lo que es la sanación. Uno de mis propósitos es ayudarte a ver por qué tu ceguera no te deja ver más allá de tu cuerpo enfermo. Estás aferrado a ver con los ojos del cuerpo y solo ves sufrimiento y dolor. Estás creando una barrera de dolor y tus ojos físicos cansados por tanta agonía se oponen a la visión real de la sanación. Tu enfoque tiene que ser tu alma, porque cuando te enfocas en tu cuerpo no eres consciente de tu inmortalidad. La visión real de la sanación es encontrar la paz, es vivir en el espíritu. Eres un santo hijo de Dios que goza de completa salud física y espiritual. ¡La visión de la sanación está brillando en ti!

Arcángel Rafael

ARCÁNGEL URIEL

"Conexión con la divina presencia"

Si estás buscando una resolución pacífica a tus problemas en relaciones familiares, de pareja, sociales o profesionales, para vivir en armonía, conéctate con tu Divina Presencia: "Yo Soy." Reconócelo, acéptalo, vívelo, Dios es la fuente universal que mueve al mundo. Cuando permites esa conexión con la Divinidad, tu mente se llena de inspiración y tu corazón de amor, y puedes escuchar la voz de Dios guiándote a crear, a ser abundante, a sanar toda enfermedad y dolor, a sentir la riqueza en ti, y a atraer bienestar completo. La conexión con la Divina Presencia te cambia tu sistema de pensamientos completamente porque es el renacer de Dios en ti. ¡Conéctate con tu Divina Presencia que es la manifestación de Dios en ti!

Arcángel Uriel

ARCÁNGEL ZADQUIEL

"La sinceridad del perdón"

La sinceridad con la que tú te perdonas a ti mismo y perdonas a los que sientes que te han causado dolor, es crucial para restar el karma de esas personas que estás liberando y también restas karma en tu vida. Recuerda que solo a través del perdón puedes limpiar y liberarte a ti mismo y a los demás del karma. El perdón que se da con sinceridad es tu sanidad y la sanidad del mundo. Si no tienes compasión y misericordia no verás la justicia. Mi luz está en ti perdonando, transmutando, y liberándote del karma. ¡Soy la luz que transmuta tu dolor en amor!

Arcángel Zadquiel

ARCÁNGEL MIGUEL

"No trates de cambiar a los demás"

Hoy cierra tus ojos y medita en tu corazón. Medita en lo qué está pasando, en lo que está sintiendo tu corazón. Conecta tu corazón y tu mente y date cuenta qué está pasando con tu mente. ¿Por qué en tu mente hay preguntas sin respuestas? ¿Sabes por qué es que no encuentras respuestas? Es porque estás tratando de cambiar a tus hermanos. Estás tratando de cambiar al amigo, a tu hijo, o al familiar. No trates de cambiar a nadie más, ni te preocupes por lo que piensen de ti. Si tú realmente sabes quién eres, eso es lo importante. Eso lo sabes tú y lo sabe tu Padre, y que eso sea suficiente. Tu Padre conoce tu corazón, conoce tu Santidad, tu luz, porque él te ha creado. Siente orgullo de lo que eres. Tú has sido creado a la imagen de lo más grande, de lo más Santo. ¡Recuerda que eres Santidad y tú lo sabes al igual que tu Padre, y eso tiene que ser suficiente!

Arcángel Miguel

ARCÁNGEL JOFIEL

"Iluminación espiritual"

Soy la luz de Dios, soy tu despertar y tu iluminación. Soy la voz de Dios que te está hablando en tu corazón para hacerte fluir. Cuando empiezas a fluir encuentras tu despertar espiritual que te lleva a la iluminación. Siéntete feliz, porque hoy tú estás en el camino correcto de llegar a tener ese nivel de conciencia donde vas a poder ver tu luz. El despertar espiritual es eso, poder ver la luz, la belleza que brilla en ti, es reconocer que eres un alma noble que vive para siempre como parte de la Divinidad. Eres como el agua cristalina de un manantial que brilla en transparencia y nutre el planeta tierra y a sus hijos. Tú también eres un manantial de amor que fluye constantemente creando y renovando corazones. Mi rayo de luz te ilumina y te acompaña con miles de Ángeles más para que tu despertar sea hoy. Atrás quedó el orgullo, la ira, los celos, la envidia, el rencor, el resentimiento y el miedo. Mi luz se une a la tuya para ser uno y brillar para siempre. ¡Soy la luz infinita de Dios, tu iluminación espiritual!

Arcángel Jofiel

ARCÁNGEL CHAMUEL

"Amor angélico"

Soy el Ángel de amor, el Ángel que te guía por los caminos sagrados del bien, los caminos de la confianza y la fortaleza. Mi amor te ayuda a fluir en aguas purificantes de infinitas corrientes cristalinas y brillantes que elevan tu vibración y comunión con el mundo angélico. Estas son las aguas de la eternidad del orden celestial donde todo lo que nace es amor, honestidad, paz, alegría, perfección, sabiduría, bienestar, prosperidad y consagración con tu "Yo Superior". Mi amor y mi luz te guían a caminar las sendas luminosas acompañado de mis Ángeles de la alegría y de la bienaventuranza. Mi amor te acompaña en tus momentos de debilidad en el plano terrenal para que seas fuerte, y puedas tolerar las dificultades siendo creativo y alcanzando un estado alto de conciencia donde te armonizas y eres feliz. El amor angélico te llena de ternura y endulza tus pensamientos para que puedas demostrar tu bondad contigo mismo y con los demás. ¡Mi amor te da la gracia de alcanzar una comunión armónica con los altares celestes!

Arcángel Chamuel

ARCÁNGEL GABRIEL

"Recibe con agradecimiento las buenas noticias"

Soy el Arcángel de las buenas noticias y hoy te traigo la fuerza y el poder de Dios. Soy la revelación que abre tu mente y tu corazón al amor para recibir bendiciones. Los milagros en tu vida se harán realidad cuando recibas el regalo de la revelación del poder infinito de Dios. La misericordia de Dios es contigo para que tú veas en ti tu poder y tu fuerza para crear el mundo que deseas. Tu familia es bendecida al igual que tú, todos gozan del mismo poder y sabiduría de Dios. ¡Recibe las buenas noticias con agradecimiento!

Arcángel Gabriel

ARCÁNGEL RAFAEL

"Manifestación de la sanación"

Si estás invocando el rayo de la llama verde, es porque estás buscando la sanación de tu cuerpo físico que te está haciendo pensar que padeces de una enfermedad del alma. Tienes una percepción de dolor que te hace agonizar de miedo, miedo a la muerte y a la desaparición completa de tu "Ser". "Soy la sede de la curación física, mental y emocional, que te ayuda a conectar con tu espíritu". En el momento que tú desees puedes ver la manifestación de la sanidad en ti. Te ayudaré a consagrar tu vida a la luz perfecta para que puedas aceptar la curación. Si por tu libre albedrío, permites que el rayo de luz verde consagre tu vida a Dios, ya eres sano. ¡La sanación se está manifestando hoy en ti, abre tu corazón y sé sano!

Arcángel Rafael

ARCÁNGEL URIEL

"Luz de la existencia de vida"

Soy el fuego de Dios que ilumina tu vida, soy la Santidad, el espíritu celestial que te guía. Soy la sabiduría que te da la capacidad de pensar y de brillar con tu propia luz. "Soy la luz de la existencia de vida", que te inspira a buscar el conocimiento para poder trabajar en tu misión de vida. Tu misión de vida es quitarte el velo de la ignorancia para poder ser consciente y encontrar la verdad. Cuando eres consciente de que eres creación infinita de Dios se abren las posibilidades y empiezas a crear un mundo de felicidad. Creas amor porque eres amor, eres luz que brilla en el universo. La luz de la existencia de vida está en ti y te ayuda a ver las bendiciones, a ver los milagros manifestarse en tu vida y tus deseos de abundancia florecer. Recuerda que eres un ser abundante sin medida. La luz de la existencia de vida irradia para ti creatividad, belleza y bienestar general. ¡Soy el fuego de Dios, el Espíritu Santo que te envuelve y te protege todo el tiempo!

Arcángel Uriel

ARCÁNGEL ZADQUIEL

¿Qué dolor quieres transmutar hoy?

Dios te ayudará a transmutar todo tu dolor, por eso es importante que te des cuenta de qué es lo que realmente quieres cambiar, cómo lo quieres cambiar y cuándo lo quieres cambiar, porque es tu libre albedrío. Pues di: "Hoy por mi libre albedrío, deseo transmutar mi dolor, mi sufrimiento, mi enfermedad, mis dolencias, mis carencias y todas las miserias de mi vida". No hay nada que la llama violeta de la transmutación no pueda cambiar, así es que, si no quieres cambiar no culpes a nadie por el lugar en el que te encuentras o como tú te estás sintiendo, porque es tu libre albedrío y no has decidido realmente en hacer cambios positivos de sanación. ¡El fuego de Dios te acompaña siempre, es el Espíritu Santo!

Arcángel Zadquiel

ARCÁNGEL MIGUEL

"Superación de obstáculos"

Dios te ama incondicionalmente y quiere que seas feliz para siempre. Yo te estoy protegiendo de tu mente que crea la enfermedad y el dolor, y te ayudo a deshacer todo pensamiento negativo que te esté causando ese dolor físico o mental. Toma mi mano y camina conmigo, y descansa de tu sufrimiento. Yo te acompaño hasta que estés en presencia de la luz celeste y te des cuenta de que estás siendo protegido y resguardado con amor, nunca has estado solo. Hoy despiertas a la realidad y sabes que eres más que un cuerpo débil y enfermo. Eres espíritu, creación infinita de Dios, que vive para siempre superando todo obstáculo que se opone al amor. ¡La Luz infinita de Dios te está sosteniendo!

Arcángel Miguel

ARCÁNGEL JOFIEL

"Entendimiento del plan divino"

Te llevaré de la mano guiándote con amor en tus aprendizajes de vida hasta que logres entender claramente cuál es el plan divino. Soy la iluminación de Dios que te ayuda a entender lo que tú estás haciendo en el plano terrenal. Todo tiene un propósito que es el plan divino. Abrirás tu mente y corazón sin la necesidad de mirar con tus ojos físicos, comprenderás porque estarás sentado ante de la Divina Presencia. La sabiduría de Dios brillará en ti y conocerás y entenderás la "Unidad", el "Yo Soy", porque este "Yo Soy". La única manera de lograrlo es a través de la iluminación que yo te estoy ofreciendo en este momento. ¡La luz de Dios brilla en ti hoy!

Arcángel Jofiel

ARCÁNGEL CHAMUEL

"Armonía física y espiritual"

Yo he escuchado tu llamado, tu súplica por ayuda. Estás triste, te falta armonía en tu vida porque te has olvidado de que siempre estás ante la Divina Presencia del Creador de todas las cosas. Yo represento la amorosa energía de tu Padre, estoy aquí para ayudarte a armonizar tu cuerpo y tu mente para que te inspires. Te ayudaré a desarrollar la fuerza infinita de tu corazón para amar y para permitir el amor y el balance en tu vida. Te ayudaré a que aumentes tu alegría, la buena comunicación, y el amor en todas tus relaciones. Te acogeré bajo mis alas para protegerte y para que tomes un descanso, y puedas ver con claridad que ese problema o situación que te tiene agobiado no significa nada y que no vale la pena tu preocupación. ¡Soy la amorosa Presencia de la luz de Dios!

Arcángel Chamuel

ARCÁNGEL GABRIEL

"Serenidad y alegría espiritual"

Soy la fuerza de Dios que te inspira a través de tus revelaciones, tus visiones y tu intuición. Estoy presente siempre en tu vida en esos momentos que te sientes perdido y que no sabes qué hacer con tu vida. Mis Ángeles de la revelación cuidan de ti todo el tiempo y te ayudan a que te pongas en sintonía con el amor supremo. Cuando tú estás en sintonía con el amor, la serenidad y alegría espiritual llegan a ti y te envuelven suavemente. La presencia de Dios está siempre delante de ti guiado cada paso que das y cada decisión que tomas. Si la serenidad y alegría espiritual están en ti, vas a brillar con tu luz y no vas a equivocarte porque estás siendo guiado por tu intuición que es la voz de Dios y sus Ángeles hablándote. Confía plenamente en tu intuición y verás los milagros manifestándose en tu vida. ¡Cuando estés perdiendo la fe, la confianza y la esperanza, recuerda mis revelaciones y las flores blancas que son tu regalo como una memoria, un recordatorio que Dios y sus Ángeles están a tu lado!

Arcángel Gabriel

ARCÁNGEL RAFAEL

"Nueva visión de la vida"

Soy el color de la naturaleza, el color de la sanación porque soy la luz verde esmeralda de Dios que sana. Estoy aquí cerca de ti protegiendo lo que tú amas y deseas. El planeta tierra está siendo protegido con mi energía sanadora que es la misma que te envuelve a ti y a tus hermanos. Hoy estoy aquí para ayudarte a ser más consciente de lo que significa tu vida. Tu existencia, es la existencia de Dios en ti, es el espíritu de lo más Sagrado que está brillando en tu interior. Tú afliges tu corazón cuando sientes que tu cuerpo enferma, esto se debe a tu falta de conciencia de quien tú eres. Tienes todo mi apoyo y estoy intercediendo para que puedas liberarte de tu pasado y que puedas retomar el camino de la vida viviendo en la mente recta con una nueva visión del futuro lleno de esperanza regeneradora. ¡Hoy eres consciente que no mueres porque eres parte divina de Dios!

Arcángel Rafael

ARCÁNGEL URIEL

"Siéntete merecedor de los milagros"

Entrega hoy mismo toda tu carencia, toda escasez, tus errores y tu manera de ver la riqueza; entrega tus pensamientos de derrota, los pensamientos negativos acerca de la abundancia. Siéntete merecedor de recibir todos los regalos espirituales y materiales. Cuando tú aceptas tu espiritualidad, también estás aceptando el bienestar divino que el universo de Dios te ofrece. Con tus pensamientos positivos transformas la carencia en abundancia. Cuando entregas tus pensamientos de pobreza a la Divinidad, te llenas de sabiduría que te ayuda a sanar tu mente y a extender el poder divino de Dios a los demás. ¡Hoy renuncia a tus votos de pobreza y sufrimiento, hoy eres abundante sin medida!

Arcángel Uriel

ARCÁNGEL ZADQUIEL

"Liberación espiritual"

Yo soy la libertad, compasión, misericordia, piedad, bondad, transmutación, transformación. Vengo hoy a recordarte los dones que tú posees, son esas cualidades maravillosas con las que fuiste creado, pero que con el paso de los años has olvidado. Te ayudaré a usar tus cualidades para liberar tu espíritu de la cárcel del terror del ego. El ego te hace creer que es tu amigo y que sin él no puedes seguir, pero dentro de ti mismo sabes que el ego solo está destruyendo tu conexión con la Divinidad. El ego quiere que pienses que eres un pobre cuerpo vulnerable y que tienes que ser fiel a esa creencia de mente que tú mismo has fabricado. ¡Hoy el dolor es transmutado con la llama violeta del espíritu de la misericordia para alcanzar la liberación de tu espíritu!

Arcángel Zadquiel

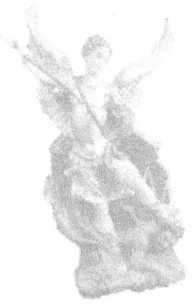

ARCÁNGEL MIGUEL

"Protección infinita"

Hoy te ayudaré a pintar de colores tu universo, porque es el mismo donde nos encontramos todos vibrando. Te ayudaré a subir tu vibración de amor, y a dibujar lo que sientes en el corazón cuando sabes que estás protegido en todas las dimensiones fuera de espacio y tiempo. La protección de Dios es insustituible porque es el Creador de todas las cosas. Dios creó tu mente y tú creaste el miedo a tu alrededor, porque no te sientes merecedor del amor y la protección infinita de tu Padre. La protección es para salvarte de la magia negra, energías negativas o como tú le llames a tus carencias de amor. También te protejo de las enfermedades físicas, emocionales y espirituales, que te hacen sufrir y dudar de quien tú eres. Mi protección se extiende a ti y a tus seres queridos, yo los sobre guardo de los peligros en cualquier lugar donde se encuentren. ¡Soy la representación de la fuerza amorosa e infinita de Dios!

Arcángel Miguel

ARCÁNGEL JOFIEL

"Plan divino de Dios"

Tal vez te has preguntado mil veces por qué estás repitiendo los mismos patrones una y otra vez. Te preguntarás por qué el sufrimiento no termina, las respuestas a tus preguntas son parte del plan divino de Dios que tú mismo has ayudado a diseñar. Yo estoy aquí para mostrarte y ayudarte a que comprendas todo el proceso de enseñanza que estás repitiendo como parte del plan divino de Dios. Este aprendizaje es el que te lleva al camino, a tu meta de ascensión espiritual. Mi luz es la sabiduría y belleza de Dios que ilumina tu mente y tu corazón, y te hace fluir en amor y verdad. ¡Solo el amor de Dios es real y su plan divino es el camino a tu iluminación espiritual!

Arcángel Jofiel

ARCÁNGEL CHAMUEL

"Armonía en las relaciones"

Hoy es un día especial donde te vas a encontrar con el verdadero amor, el amor incondicional. Mi luz te guiará amorosamente hasta el centro de tu corazón donde tú puedas ver la luz brillar de la fuerza infinita que es parte de ti. Esa luz en ti es amor que te permitirá la armonía en tu vida, te aumenta la alegría y la buena comunicación en todas tus relaciones. Te ayudará a abrir tus alas y liberarte del miedo para poder dar y recibir amor. Podrás mejorar desde la más pequeña hasta la relación más importante. ¡El rayo de luz del amor incondicional te está iluminando!

Arcángel Chamuel

ARCÁNGEL GABRIEL

"Elevación espiritual"

Soy el Ángel de los cambios, soy la fuerza de Dios que te ayuda a elevar tu espíritu. Te llevo desde lo más bajo hasta lo más alto de tus vibraciones amorosas. Todos los cambios que se realizan con mi fuerza son positivos. Todos los cambios te ayudan a elevar tu espíritu y a ser feliz. Desde la más profunda de tus depresiones, mi fuerza te eleva para que encuentres la paz. Cuando te sientas que estás tocando fondo y que no puedes conectar con la Divinidad, tu espíritu se eleva con júbilo y te encuentras en casa de tu Padre rodeado de amor incondicional. ¡Soy la fuerza de Dios que eleva tu espíritu para hacer cambios positivos!

Arcángel Gabriel

ARCÁNGEL RAFAEL

"Visión divina"

La sanación de tu mente, alma y corazón es mi misión divina que yo hoy estoy compartiendo contigo, la misión del amor y del perdón. Hoy quiero recordarte que el miedo y el estrés acumulado en tu ser son la causa de tus enfermedades. Todas tus dolencias provienen del peso del estrés que vas cargando sobre tus hombros. Ese estrés es causado por tus miedos a no poder hacer las cosas bien. Te exiges demasiado y al mismo tiempo te pones las barreras del fracaso enfrente de ti que te hacen sufrir y enfermar. Tu visión divina de ser sano está en ti. ¡La luz de Dios sana!

Arcángel Rafael

ARCÁNGEL URIEL

"Prosperidad universal"

La luz que ilumina tus senderos en tus momentos de oscuridad "Soy Yo". Soy la prosperidad universal que se extiende dentro y fuera de ti. Tu mente crea, y lo que crea es con la voluntad y la gracia que Dios te ha dado como parte de su creación. No te límites a pensar que no mereces porque estaréis actuando en tu contra. Cuando actúas en contra de ti mismo, también sigues creando, pero creas calamidad y dolor. Usa tu creatividad con tu mente recta y podrás llenar y satisfacer todos tus deseos. Alimenta tu espíritu con amor incondicional, esa es la mejor abundancia porque se multiplica y se extiende. ¡Reconoce tu valía y acepta la prosperidad universal!

Arcángel Uriel

ARCÁNGEL ZADQUIEL

"La fuerza de la llama violeta"

La llama violeta es la luz que libera tu alma dándole alegría y realización. Es la luz que ilumina tu camino para que no te sientas limitado al usar tus dones espirituales. Mi llama violeta te ayuda a superar tus karmas y te ayuda a cambiar radicalmente tu vida, moldeando tus patrones de conductas que te hacen frágil al sufrimiento. Mi luz transmuta tu dolor y cambia tu sistema de pensamientos. Los Ángeles de la purificación recogen tu karma y lo filtran por la llama violeta, transmutando todo para que los Ángeles de la alegría te llenen de felicidad. Visualiza la llama violeta de purificación y transmutación envolviéndote y limpiándote completamente de todo pensamiento y energía negativa, y regresándote a la calma y paz total. Desde hoy vivirás en la cordura, la misericordia y la benevolencia. Hoy se ha transmutado tu dolor y eres libre para ser feliz. ¡Soy la llama de la purificación de Dios!

Arcángel Zadquiel

ARCÁNGEL MIGUEL

"Energía que te empodera"

Soy tu fuerza y el empoderamiento en ti, solo necesitas llamar mi nombre y yo estaré cubriéndote con mi fuerza protectora y liberadora. Si sientes que hay algo que no puedes hacer porque estás inseguro y con miedo, pide ser cubierto con la energía de la fuerza de Dios e inmediatamente sentirás el cambio en tu mente y la fuerza en el corazón para tomar la decisión correcta. Yo soy el empoderamiento, soy la luz que guía tu camino en tu misión de vida. ¡La energía de la fuerza de Dios está en ti!

Arcángel Miguel

ARCÁNGEL JOFIEL

"Belleza espiritual"

Eres belleza de Dios, porque todo lo que es del Padre es perfección y luz resplandeciente. Los caminos que has recorrido te han mostrado dolor y sufrimiento y eso te hace sentir vulnerable e inferior. También te ves como ese hijo desobediente que no deja de cometer errores. Te juzgas duramente y en vez de corregir tus pensamientos los sigues alimentando con más dolor. Si por un momento dejas de juzgarte y miras dentro de tu corazón, encontrarás que eres un ser hermoso con un espíritu noble viviendo una experiencia terrenal de muchas pruebas y aprendizajes. Todo lo que estás haciendo es tratar de ser mejor para presentarte ante tu Padre porque no puedes ver la belleza que ya es en ti. Hoy respira libremente y siéntete merecedor de tus dones espirituales porque son parte de la belleza de Dios en ti. ¡Eres la creación divina de Dios!

Arcángel Jofiel

ARCÁNGEL CHAMUEL

"Equilibrio afectivo"

Tu equilibrio afectivo depende de cómo estás reaccionando a los juicios de otras personas relacionados con tus emociones. Si estás teniendo un balance emocional de bienestar vas a responder a esos juicios desde el amor y con cordura, amándote y respetándote como lo que eres y amando y respetando a los demás como lo que son. Te ayudo con mi luz rosa a encontrar tu equilibrio emocional para que fluyas en las relaciones familiares, relaciones de trabajo, relaciones de pareja y en las relaciones con tus amigos. Si estás en equilibrio podrás solucionar toda clase de problema actuando desde el amor y sin hacerte daño a ti mismo y sin hacerle daño a los demás. Mi luz te bendice y te guía a tomar decisiones correctas para que seas feliz. ¡El rayo de la luz amorosa de Dios te está protegiendo!

Arcángel Chamuel

ARCÁNGEL GABRIEL

"Propósito de vida"

Si sientes angustia, desesperación, tristeza y miedo, es porque no estás en tu propósito de vida. Yo te ayudaré a recuperar tu verdad y perfección, pero para eso tienes que estar seguro de lo que realmente quieres porque tu mente es muy fuerte y poderosa. Pon atención que lo que pidan tus labios este en armonía con lo que siente y quiere tu corazón. Tus miedos son debido a que tú no eres feliz. Viniste a la tierra a cumplir un propósito, pero en el camino se enredaron las cosas y te fuiste en la dirección contraria. No es un mal camino, sino el camino que no te hace feliz porque no es tu propósito verdadero. Siempre es tiempo de reflexionar y meditar en lo que verdaderamente viniste a hacer a la tierra. Te ayudaré a definir tu propósito de vida y a encontrar el balance y equilibrio. ¡Soy el Ángel de luz que ilumina tu propósito de vida!

Arcángel Gabriel

ARCÁNGEL RAFAEL

"Visita de sanidad"

La sanidad universal está en Dios y tú eres parte de ese poder omnipotente y omnipresente. Eres la creación de lo más sagrado. Dios es el principio y el fin de todo y tú fuiste creado a su imagen y semejanza. Hoy reconoce tu valía y acepta el don de la sanidad en ti. La luz verde, amorosa y sanadora de Dios, está visitando tu corazón e iluminando tu mente para que te reencuentres con esa fuerza sanadora interior para sanarte a ti mismo y a los demás. Tu poder y fuerza no están en el exterior, sino en tu interior. Es la luz de Dios que sana tus problemas grandes o pequeños. Los males que te aquejan física y emocionalmente son sanos con la luz que se expande en ti hasta llegar a cada espacio de tu mente y tu cuerpo. ¡La luz de Dios sana!

Arcángel Rafael

ARCÁNGEL URIEL

"Abundancia material y espiritual"

El color oro rubí está en sintonía con tu alma y te está trayendo bienestar. Desde hoy, cuando hagas tus plegarias nunca pidas por riquezas, es mejor que pidas por bienestar porque el bienestar incluye todo lo que necesitas en el plano terrenal como en el plano espiritual. El Ángel de la abundancia te está haciendo fluir en ríos cristalinos de manantiales de aguas sagradas, para que alimentes tu sed espiritual y material. El oro y la plata tienen sus grandezas, las cuales tú llamas abundancia, yo hoy te ofrezco el color oro rubí para que lo coloques en tu corazón y veas cuánto amor y fuerza tienes para deshacerte de la pobreza espiritual y terrenal, y vivir una vida de abundancia sin medida. Mi misión que se me ha encomendado es que a ti no te falte nada. ¡Soy la luz, la abundancia y la sabiduría de Dios!

Arcángel Uriel

ARCÁNGEL ZADQUIEL

"Transmutación de energías negativas"

Todo en el universo es energía vibrando en diferentes frecuencias, mi luz es transmutación, transformación, restauración y regeneración. Mi luz te ayuda a transformar las energías negativas que te están haciendo daño por energías vibrantes en amor y bienestar. Mi luz te está guiando a practicar el perdón que lo vas a lograr solamente con compasión, misericordia, piedad y bondad. Estos son mis dones al igual que los tuyos, pero tú no recuerdas cómo usarlos. Si estás vibrando en amor vas a lograr tu cometido porque el amor es la fuerza de Dios moviendo el universo. Tú como hijo bendito de Dios tienes la fortaleza. ¡La luz divina de Dios está en ti!

Arcángel Zadquiel

ARCÁNGEL MIGUEL

"Fuerza espiritual"

Soy la representación y la fuerza espiritual de Dios en el universo. Estoy aquí para protegerte, ayudarte, rescatarte de tus pesares y tus miedos que te agobian constantemente como una carga pesada sobre tus hombros. Mi fuerza espiritual es mi paz que extiendo a través de mis Ángeles de la misericordia. Yo y todos mis Ángeles estamos defendiendo a los seres humanos que son espíritus encarnados peleando sus propias batallas en contra del ego, de energías tóxicas y todo lo que les hace sentir mal. Mi luz desaparece la oscuridad y la ignorancia para que todos gocen de sabiduría siendo conscientes de quiénes son como espíritus. Mi fuerza espiritual les ayuda a enfrentar los desafíos de la vida y les enseño a cubrirse con mi luz y mi amor. Mi luz azul royal entra en tu mente y te libera de los pensamientos negativos y a llenarte de fe y esperanza. ¡Yo soy la fuerza espiritual que te ayuda a mantener tu templanza y el amor en tu corazón!

Arcángel Miguel

ARCÁNGEL JOFIEL

"Belleza espiritual"

La Belleza Espiritual es la inteligencia, el intelecto, es abrir tu mente a las opciones que tienes en el universo. Recibe la luz de la belleza espiritual y desarrolla tu autoconocimiento para que logres la inspiración y eleves tu espíritu a lo más alto de tus vibraciones de amor. Mi luz te está ayudando a fluir, a deshacer tu tristeza, orgullo, odio, ira, prejuicios, celos, codicia, el apego a lo terrenal, la depresión, la ansiedad y todo sentimiento de miedo que te aleja de la conexión con tu "Ser Superior". ¡Soy la conciencia, la belleza espiritual de Dios!

Arcángel Jofiel

ARCÁNGEL CHAMUEL

"Paz de corazón"

Medita en silencio y encuéntrate a ti mismo porque yo te estoy guiado a que vayas al encuentro de tu paz interior. La paz interior la encuentras en tu corazón y es lo que te da estabilidad emocional y balance espiritual. Has encontrado tantas cosas en tu vida, hoy es tiempo que te encuentres a ti mismo. La paz del corazón te dará dulzura, tolerancia, fortaleza y creatividad. Te sentirás lleno del espíritu de la bondad que embellecerá tus pensamientos con amor. La paz del corazón es dicha que te abraza y se extiende dentro de tu ser y también a los demás. Cuando tu corazón está rebosando de alegría, esa alegría vibra en ti y te conecta con la Divinidad. Esa conexión armónica es necesaria en tu vida para que puedas conocer tus dones, ver las bendiciones y los milagros suceder en tu vida. La paz del corazón es amor, amor incondicional que te lleva a vivir tus aprendizajes de vida siendo feliz. Siente en tu corazón la paz porque mi regalo para ti hoy es como siempre "mi amor". ¡El amor de Dios está en ti!

Arcángel Chamuel

ARCÁNGEL GABRIEL

"Mensajes divinos"

Soy el que vela por tu proceso álmico y tus experiencias de vidas en diferentes dimensiones. Te ayudo en tu evolución como ser humano y como espíritu para tu elevación. Pero sobre todo me encargo de tu conexión espiritual dándote mensajes divinos. La revelación es el descubrimiento, es el saber la verdad. Mis mensajes son revelaciones que guían cada uno de tus pasos en tu proceso de vida. Abre tu corazón y levanta tu espíritu para que puedas estar en comunión con Dios y sus Ángeles. Vive el estado de gracia y de inspiración porque eres especial, no eres un ángel, eres el hijo de Dios creado a su imagen y semejanza. Los mensajes divinos que te estoy mandando te pondrán en sintonía con el mundo espiritual y podrás recordar quien tú eres. Si te mantienes en estado de gracia vas a poder derrotar el miedo y no sufrirás más la separación porque sabrás que eres parte de Dios. Te dejo inspirado en el amor de Dios y sus Ángeles para que escuches y entiendas mis mensajes. ¡Soy la revelación, la fuerza de Dios manifestándose en ti!

Arcángel Gabriel

ARCÁNGEL RAFAEL

"Intervención angélica"

Permite mi intervención para ayudarte a sanar tus enfermedades de corto plazo o crónicas, solo existe una sanidad sin importar la duración ni la intensidad de dolor. Hoy trabajaré con la percepción de tu mente y quitaré tu sufrimiento, solo siéntelo en tu corazón y por tu libre albedrío permite mi intervención en tu cuerpo, mente y espíritu, para sanar completamente. Yo soy la energía sutil de la luz verde esmeralda del universo infinito de Dios, que hoy entra en tu mente para ayudarte a descansar de tus enfermedades. Eres la creación de Dios que está en alta estima porque eres parte de su mente creativa y privilegiada. ¡Soy la luz que cura!

Arcángel Rafael

ARCÁNGEL URIEL

"Abundancia divina"

El flujo de abundancia del universo cósmico esta confabulado contigo. Todos los propósitos en tu vida están de manifiesto y tú tienes la claridad mental para poder verlos. Tu mente está creando todo lo que el universo puede ofrecerte, que es todo, porque es abundancia divina. En tu mesa no faltará el pan, en tu corazón tendrás felicidad, de tu mente desaparecerán los miedos y tu cuerpo sanará. Es la luz divina de Dios que ilumina tu mente y te ayuda a gozar de la riqueza universal. Yo que estoy en control de la paz en el universo, te la ofrezco para que vivas en armonía y puedes ver con humildad tus dones espirituales. La iluminación te lleva a la realización de la Divinidad en ti. La realización de tu Divinidad en ti es la abundancia que necesitas porque cuando está en ti todo a tu alrededor es grandeza. La abundancia Divina es reconocer lo grande y poderoso que eres como hijo de Dios. ¡Soy la iluminación de Dios y brillo en abundancia!

Arcángel Uriel

ARCÁNGEL ZADQUIEL

"Misericordia y sanidad divina"

Soy la misericordia y la sanidad divina, soy también la benevolencia y el espíritu amoroso que te envuelve en los momentos más crueles y difíciles de tu vida. Estoy aquí para ayudarte a sanar tu vida con la luz de la transmutación. Mi luz transforma tu enfermedad física en energía divina. Si te estás sintiendo con problemas del corazón, inflamación en tus coyunturas e inflamación interna, problemas de tu sistema inmunológico, problemas de la visión, irritación, problemas emocionales y todo lo relacionado con tu salud física y mental, mi luz violeta te ayuda a transmutarlos en energía de amor divina. Cuando recibes la sanación ya no tienes dolor físico porque tu mente como tu cuerpo se restablecen completamente. ¡Soy la misericordia de Dios!

Arcángel Zadquiel

ARCÁNGEL MIGUEL

"Soltar energías tóxicas"

Así como yo lidero los ejércitos celestiales, tú también eres un guerrero que pelea sus propias batallas en contra del ego que es miedo. Te ayudo con mi fuerza y mi amor a deshacerte de las energías tóxicas que te están bloqueando tu vibración amorosa. Esas energías que acumulas de tus pensamientos negativos y de las personas a tu alrededor, son liberadas cuando tú pones la fe en tu Padre omnipotente y omnipresente. La separación entre tú y Dios no existe cuando no estás vibrando en ese miedo que te paraliza tus fuerzas y te hace sentir desdichado, solo y enfermo. Hoy reconoce tu valía y acepta que mi luz te cubra completamente y te libere de las energías tóxicas. ¡Soy la fuerza sublime de Dios!

Arcángel Miguel

ARCÁNGEL JOFIEL

"Ver el milagro escondido"

Los milagros y las bendiciones del altísimo. todas están a tu disposición para tu beneficio cuando tú te quites el velo para ver más allá del dolor. Si estás analizando una situación desde el dolor, lo único que vas a ver es sufrimiento, llanto y desilusión, porque en realidad no lo estás evaluando, sino juzgando como te juzgas a ti mismo por no verte tal como eres. La fluidez de tus emociones está basada en lo que estás pensando. Los milagros están esperando por ti. ¡Soy la belleza de Dios iluminando tu mente!

Arcángel Jofiel

ARCÁNGEL CHAMUEL

"La sabiduría del corazón"

Necesitas conocer tu mente y abrir tu corazón al amor. La sabiduría no es conocimiento. El conocimiento no te transforma, pero cada uno tiene sabiduría que la puede intercambiar con los conocimientos que sí transforman. La sabiduría de la mente es un cultivo metódico de la intención, en cambio la sabiduría del corazón es luz, la lámpara que ilumina la compasión, pues anhela tener una mente clara y un corazón tierno que sienta amor, paz, misericordia y benevolencia para poder ser sabio. Cuando escuchas a tu corazón tienes la sabiduría de Dios. ¡El amor es la clave para encontrar la sabiduría del corazón!

Arcángel Chamuel

ARCÁNGEL GABRIEL

"Contacto angelical"

El contacto angelical que tú quieras tener se define en tu corazón y el nivel de vibración amorosa que tú tengas. Yo te ayudo a conectar con el amor incondicional, pero tú debes de estar dispuesto a buscar esa relación de amor. El amor angelical es Dios hablándote a través de sus creaciones de luz para llevarte consuelo, sanación, y para que te eleves a los altares celestiales de la salvación. Te acompaño con todos mi Ángeles de la revelación, no entristezcas tu alma ni llores por cosas que no tienen sentido. Recuerda por un momento quién eres y vive tu vida teniendo la certeza que eres un hijo de Dios y no solo un cuerpo dado a la voluntad de tu ego. ¡Soy la luz de Dios que te está protegiendo hoy y siempre a ti y a tu familia!

Arcángel Gabriel

ARCÁNGEL RAFAEL

"Autoridad espiritual"

Soy el bastón en el que puedes apoyarte para continuar tu camino. Pero también soy ese oasis de amor, donde te puedes refugiar y descansar tomando el agua de vida que te alivia la sensación de sed y de dolor. Y si quieres ir más allá, puedes tomar autoridad espiritual y sanar completamente tu cuerpo, tu mente y tu alma. Siente el deseo interno del perdón y pide ser sano y rescatado por la Divinidad y ya no habrá sufrimiento. Tu autoridad espiritual rompe todas las cadenas de dolor y sufrimiento, y te regresa a vivir en el amor incondicional en la casa de tu Padre. Tú eres libre de despertar del sueño doloroso que estás viviendo y reconocer y entender quién eres. Eres un ser espiritual viviendo una vida de aprendizajes en el mundo material, y en el momento que tú lo desees podrás tener ese contacto con el universo espiritual. Toma la autoridad espiritual que tú tienes y permite que mi luz y energía sanadora transmute todo tu dolor para que regrese a la paz. ¡La luz de Dios sana!

Arcángel Rafael

ARCÁNGEL URIEL

"Abundancia en conocimiento"

Hoy vengo a ti como siempre con abundancia, esta vez te doy el conocimiento para que te sirvas de todos tus dones espirituales y puedas crear todo lo que necesitas. Recuerda que el mundo material es solo un pequeño viaje donde te experimentas de diferentes maneras para poder trascender a lo sublime. No te conformes con pequeñeces de esta dimensión terrenal, pero disfrútalas con alegría y sin apegos. Como hijo de Dios estás capacitado para poder mover las energías universales y atraer a ti amor, prosperidad, sanidad y bienestar. Nunca dudes de tu poder para crear, el conocimiento es tu fuerza porque es el regalo de Dios para ti. Mi Luz y mi Amor te iluminan todos tus senderos para que sigas trabajando en tu misión personal y espiritual, y siendo muy feliz llevando paz a los demás. Con tu sabiduría crea posibilidades para poder desarrollarte y crecer espiritualmente, y ayudar al despertar de conciencia a tus hermanos. ¡Recibe la sabiduría de Dios que es conocimiento y vive en la gracia!

Arcángel Uriel

ARCÁNGEL ZADQUIEL

"El poder del perdón"

Cuando abras los ojos y despiertes del sueño profundo de tus ilusiones, te darás cuenta de que has ido a lo más profundo de tu ser y te has encontrado y conocido como lo que eres. En ese preciso momento también te vas a dar cuenta de la fuerza que hay en ti, y vas a poder perdonarte y perdonar a los demás. Ya no hay más juicios, culpas, resentimientos ni odios, porque el miedo se ha desvanecido. La salvación está en ti porque has perdonado. El poder del perdón es infinito porque es la fuerza de Dios en ti; eso es lo que necesitas para vivir en santa paz. Si quieres el camino más corto a la salvación, solo necesitas perdonar y un mundo de bendiciones brillará en ti. Cualquier camino que tomes hacia el perdón es bueno porque vas aprendiendo en tu despertar, pero el amor te lleva al perdón y el perdón a la salvación. Mi luz te acompaña en esta jornada y te guía con amor. ¡Recuerda yo soy el perdón!

Arcángel Zadquiel

ARCÁNGEL MIGUEL

"Inspiración a los trabajadores de la luz"

Visualiza la luz azul dorada esparciéndose por todo tu ser y siente la fuerza de las Potestades angelicales protegiéndote y mostrándote la dirección hacia el altar divino. Cuando te sientas inspirado, sigue a tu corazón y no pospongas tu misión espiritual. Mis Ángeles de la inspiración se quedarán contigo llenándote de amor para que fluyas en armonía divina y puedas recordar tus dones como trabajador de la luz. Todos somos trabajadores de la luz en diferentes escalas. Es tu decisión si quieres seguir adelante en tu camino evolutivo o quedarte un tiempo más en donde te encuentras. Yo te presto mis alas para que puedas volar alto como las águilas en los Cielos benditos de gloria. Mi amor es tu compañía y te ayudo a ser amoroso y amable contigo mismo. ¡Soy la luz de los altares celestes!

Arcángel Miguel

ARCÁNGEL JOFIEL

"Fluidez personal y espiritual"

Tus ojos son la ventana donde puedes ver tu alma reflejada e iluminada con la luz infinita del Padre. Es ahí donde debes buscar consuelo cuando tu ego no permite ver más allá del dolor físico. Yo que soy la belleza inmaculada e incorruptible de Dios, tengo una promesa para ti desde el principio de los tiempos que tú no has querido aceptar por tus miedos causados por la dualidad. Yo te entrego la belleza de Dios, para que ilumine tu rostro, tu cuerpo y tu corazón. Tu espíritu hoy brillará con más luz y podrás fluir en tus pensamientos y sentimientos de amor y gracia. Hoy tendrás tiempo para tu cuidado personal y espiritual. ¡La luz amarilla dorada se extiende sobre ti y sobre tu casa!

Arcángel Jofiel

ARCÁNGEL CHAMUEL

"Solucionando relaciones con amor"

Mi rayo de luz rosa tiene muchas funciones, pero hoy nos vamos a ocupar de solucionar relaciones familiares, amorosas, de trabajo y de amistad. Miles de Querubines se están confabulando conmigo hoy para formarte una nube rosa y que te sientas en una atmósfera bella, fresca y renovada. Esta atmósfera amorosa te moverá el corazón para poder sentir el amor en ti y poder dar ese amor a los demás y perdonar. Los Querubines que son puro amor te ayudan a reflexionar y a entender que no hay nada más importante que la paz y la armonía. ¡Mi luz rosa es el amor infinito de Dios!

Arcángel Chamuel

ARCÁNGEL GABRIEL

"Misión de vida"

Es muy fácil que te des cuenta si estás o no en tu misión de vida. Hoy, estoy poniendo lirios blancos en tus manos y un pensamiento de acción en tu mente. Es tu decisión lo que haces con las flores; si bien plantas un jardín completo o las dejas marchitar. Ninguna decisión es equivocada si ésta te hace feliz. Mi misión es ayudarte a que seas feliz con los lirios o sin ellos. Tu mente que piensa con la mente de Dios sabe reconocer las cosas, pero se deja dominar por las ilusiones del ego. Te estoy rodeando de Ángeles para que te ayuden a estar enfocado y conectado con la Divinidad y encuentres tu verdadera misión de vida. ¡El mensajero de Dios acompaña tus sueños y te guía en tus decisiones!

Arcángel Gabriel

ARCÁNGEL RAFAEL

"Energía sanadora"

Hoy conéctate contigo mismo, encuentra en ti esa energía sanadora de Dios. Tú fuiste creado con los dones de sanación, belleza, sabiduría, nobleza, empatía, misericordia, y con una gran fuerza que te impulsa a hacer el bien porque estás lleno de amor. El amor en ti te mueve a crear un mundo libre de sufrimiento y miedo. Hoy la luz verde esmeralda te ayudará a romper las cadenas de las enfermedades físicas, mentales y espirituales, que te están causando sufrimiento. Usa tu luz y belleza para iluminar tu ser y sé misericordioso contigo mismo evitando juicios que te hacen sentir culpas que te victimizan. Hoy es el día de liberación, es el día de usar tu fuerza energética para purificar tu ser y regresar la armonía y bienestar a tu vida. La luz de Dios está en ti y te ayuda a sanar todo lo que no esté vibrando en energía amorosa. Hoy la plenitud ha llegado a ti. Eres un bendito hijo de Dios sin ataduras. ¡La luz de Dios sana!

Arcángel Rafael

ARCÁNGEL URIEL

"Fuerza de Dios"

Soy la fuerza todopoderosa del universo y te estoy iluminando tu vida, llenando tu mente con sabiduría del espíritu de la sublimidad y la vida, porque yo soy la vida y tú eres vida que se extiende con amor y esperanza. Eres extensión y creación infinita. Eres crecimiento que fluyes en bendiciones y riquezas materiales y espirituales. Yo estoy en control del plano terrenal nutriéndote a ti y a todas las criaturas que se mueven y se desarrollan en las dimensiones materiales en donde te encuentras. Mira tú florecimiento, tu desarrollo físico, intelectual y espiritual, porque es la Divinidad que te está protegiendo y bendiciendo con milagros de abundancia y prosperidad. Estoy repartiendo los dones de la iluminación a la humanidad completa, todos están aptos para recibirla cuando se permitan el amor en sus vidas. La fuerza de Dios te acompaña y te guía a ser un sabio hijo de Dios. ¡La fuerza de Dios está en ti!

Arcángel Uriel

ARCÁNGEL ZADQUIEL

"Recibir el milagro de la sanación"

Todo está bajo el control divino de Dios, y tú como su creación eres digno de contemplar y disfrutar todos los milagros. Yo te he dado mi luz sanadora para que la uses en el momento que tú te sientas merecedor, en ese momento dejarás de sufrir para unirte al amor de tu Padre. Yo siempre estoy esperando por ti, pero no te estoy presionando a tomar una decisión, porque yo sé que tu alma siempre está resguardada y protegida por mi Ángel. ¡Te dejo en compañía de mi amor y mi luz para que no te sientas desprotegido!

Arcángel Zadquiel

ARCÁNGEL MIGUEL

"El perdón"

Yo entro en tus pensamientos y miro tus angustias y ansiedades, cuando como un niño asustado corres buscando refugio, pero no lo encuentras, porque no estás huyendo de nadie ni de nada. Estás tratando de escapar de tus propios miedos, son tus pensamientos los que te atormentan. El perdón es la única defensa que tienes para ti mismo, porque cuando te perdonas y perdonas a los demás estás permitiendo que mi amor y mi fuerza deshagan tus miedos. ¡Yo soy el amor infinito!

Arcángel Miguel

ARCÁNGEL JOFIEL

"Rinde todos los problemas a Dios y libera la exigencia"

Te estoy inspirando para que subas tu vibración, ya no puedes estar rodando por los suelos. Es tiempo de que levantes tus alas como el águila y que subas a lo más alto de las montañas a donde te sientas fuerte, grande y feliz con la iluminación de Dios en tu rostro. Esto es lo que sucede cuando tú rindes todo tu pesar, tus aflicciones, tus dolores, enfermedades físicas y mentales a Dios. Esto es el resultado de soltar y liberar todo tu peso, puedes volar libremente como el águila. No necesitas cargar con todo el peso de tus problemas cuando sabes que tienes dónde depositarlos para ser transformados en amor y abundancia. Recuerda que mis Ángeles de la banda de la belleza e iluminación están haciendo su trabajo contigo, por favor permíteles la entrada. ¡Estoy iluminando tus pensamientos!

Arcángel Jofiel

ARCÁNGEL CHAMUEL

"Encontrar la paz a través de nuestro crecimiento espiritual"

Si ya te diste cuenta de que viniste a este planeta tierra a crecer espiritualmente a través de tus aprendizajes de vida, es porque ya estás en el camino correcto. Esto significa que estás también creciendo a nivel personal y has sentido la necesidad de la paz en tu corazón para alimentar tu alma. El camino espiritual es sencillo de encontrar y de llevar cuando sabes en realidad lo que significa. Significa que tú te has dado cuenta de que tienes un alma y que eres parte de la creación infinita de Dios. ¡El amor de Dios y sus Ángeles te está protegiendo completamente, es tiempo de vivir en santa paz porque has crecido espiritualmente!

Arcángel Chamuel

ARCÁNGEL GABRIEL

"Limpieza espiritual"

Todos los pensamientos de dolor y sufrimiento los arrancamos de raíz de tú mente para que encuentres tu luz. Tú eres un ser transparente porque eres creación de Dios, y yo te lo dejo ver muy claro para que no regreses a vivirlo otra vez en las cadenas que te atan a la oscuridad; a esa oscuridad que solo existe en tu mente terrenal por qué has olvidado que eres parte de la Divinidad. Hoy mi luz blanca entra en todo tu ser y te libera de toda sombra de sufrimiento y desesperanza. Hoy hay un nuevo amanecer en tu vida. ¡Hoy ves en ti tu luz, porque eres luz!

Arcángel Gabriel

ARCÁNGEL RAFAEL

"Vivir el amor incondicional con la confianza que estamos siendo cuidados por Ángeles y Arcángeles"

El amor de Dios y sus Ángeles es incondicional, es un amor que no tiene prejuicios ni barreras. Dios te ama porque Él es puro amor y nada más. De la misma manera que Dios te ama, Él quiere que tú también te ames a ti mismo incondicionalmente. Dios manda a sus Ángeles a ayudarte a hacer tu vida más fácil, guiándote en tu misión de vida para que te prepares para el viaje de regreso a casa. ¡Yo soy tu luz!

Arcángel Rafael

ARCÁNGEL URIEL

"Apartando las barreras del ego"

Puede sonar muy fácil de hacerlo, de apartar las barreras del ego que te bloquean los caminos todo el tiempo en el plano terrenal. Si te está bloqueando el camino el ego, es porque esa es su misión en el plano terrenal, es ponerte piedras en el camino para que tú interrumpas tu misión de vida. Yo soy el Ángel de la verdad y la sabiduría, y te estoy protegiendo de tu propio ego para que no te apartes de tu espiritualidad y vivas en bienestar y abundancia en prosperidad. Así como el ego tiene su propósito en el plano terrenal, también el Espíritu Santo tiene una misión que cumplir, así como los Ángeles es ayudarte a vibrar en amor. Cuando tú escuchas al Ángel de la verdad estás escuchando la sabiduría de Dios. Sí, la sabiduría de Dios llega a ti a través de la luz. ¡Eres un Santo hijo de Dios, los hijos de Dios son sabios!

Arcángel Uriel

ARCÁNGEL ZADQUIEL

"Los Ángeles de la misericordia están a tu lado"

Mis Ángeles de la misericordia te están rodeando y ayudándote a sanar esa situación de dolor donde has estado estancado por mucho tiempo. Hoy es el día para verte a ti mismo y sentir misericordia por el dolor que te estás infringiendo con tus pensamientos de desamor, hoy es el día que vas a poder sanar el pasado y a empezar a vivir una nueva vida sin dolor y sin resentimientos. Hoy es el día de la transmutación, hoy es el día de cambio. Mi rayo violeta está haciendo un cambio radical en tu vida. Todo lo viejo e inservible queda transmutado. Hoy tienes la libertad para ser feliz viviendo en armonía y la paz de Dios. ¡Hoy te declaro sano!

Arcángel Zadquiel

ARCÁNGEL MIGUEL

"Resultados positivos y manifestaciones"

Si escuchas la voz de tu corazón diciéndote que es tiempo de seguir adelante sin miedos, es porque estás siendo guiado y protegido por la Divinidad. No tengas miedo a escuchar. Cuando escuchas y sigues la voz de Dios siempre tendrás resultados positivos que te llevarán a ver la manifestación de los milagros que Dios tiene dispuestos para ti desde el principio de los tiempos. Pero cuando tú prefieres escuchar la voz del ego después te lamentas y culpas a los demás o a tu mala suerte. Yo te digo con amor santificado que todo lo que tú haces guiado por el ego va a fracasar porque significa que estás escuchando a tus miedos y no la voz de Dios y sus Ángeles. Para que no tengas que culpar a nadie por tus desdichas, escucha en silencio a tu corazón y sigue el camino de la paciencia y el amor. Cuando confías en la Divinidad tienes victoria. Ya eres victorioso porque mi amor nunca te ha dejado y te acompaña en todo momento en esta vida y para siempre. ¡Mi amor es tu protección!

Arcángel Miguel

ARCÁNGEL JOFIEL

"Autosanación"

Si todavía estas dormido, mi rayo de luz te viene a despertar. No hay manera de que puedas sanar si no te conoces, si ni siquiera sabes que estás dormido. Yo soy el despertar que va a iluminar tu mente para que vayas dentro de ti y busques la cura a todos tus problemas. Yo escucho todas tus oraciones y las he elevado al Padre y también han sido contestadas, pero como sigues dormido ni cuenta te has dado. Mírate a ti mismo y date cuenta de que es tiempo de despertar, es tiempo de ser consciente, es tiempo de sanar. ¡Yo siempre estoy a tu lado con un ejército de Ángeles para ayudarte en tu sanación!

Arcángel Jofiel

ARCÁNGEL CHAMUEL

"Encontrar la paz y el amor a través del Espíritu Santo"

El Espíritu Santo siempre ha estado en ti, es esa parte tuya que se eleva y que te inspira, y que te hace sentir que eres parte de Dios. Yo te ayudo a que te sientas siempre en contacto con el Espíritu Santo, porque te ayuda a vibrar en amor y a encontrar la paz. El amor y la paz son cruciales en tu vida porque es tu sanidad. Mi luz rosa te cubre y te lleva a conectar con el Espíritu Santo que es Dios. Cuando sientas que el desaliento entra en tu ser, siente un baño de luz rosa envolviéndote completamente y elevándote a lo más alto hasta conectar con el Espíritu Santo. En ese momento te darás cuenta de que ya no hay más tristeza, dolor ni soledad; todo es amor y paz. Eso es la sanación. Yo, tu Ángel de amor, te guío en el camino de la elevación, ¡el camino de la sanación total!

Arcángel Chamuel

ARCÁNGEL GABRIEL

"Bendiciones familiares"

Madres y padres, cuando se sientan preocupados por sus hijos, recuerden que cada uno de ellos está siendo protegidos y guiados al igual que ustedes. No permitan que el dolor de ver a sus hijos cumpliendo su misión de vida, les haga perder la calma, porque el espíritu del Padre universal está también en ellos. Cada uno de ustedes por pequeñito que pueda parecer, es igual porque es creación de Dios. Mi fortaleza es la fortaleza de Dios que te está ayudando a cumplir tu misión de vida, y a cuidar de cada uno de tus hijos. ¡Todos somos una unidad con Dios, su universo y su espíritu!

Arcángel Gabriel

ARCÁNGEL RAFAEL

"Sanación matrimonial"

Tu matrimonio ya es bendito por la Divinidad que es Dios mismo. Yo te bendigo con la abundancia y el reconocimiento que eres uno y no dos con tu esposo, esposa, o esa persona con quien tú estás compartiendo tu vida. La sanidad de tu matrimonio se te está dando, pero pon atención a lo que estás haciendo con tu pareja y contigo mismo. ¿Te estás amando y amando a tu pareja incondicionalmente? Esa es la pregunta que necesitas hacerte, porque si solo te dedicas a juzgar las acciones de tu pareja, no estás actuando desde el amor. Date un espacio en tu vida y mírate a ti mismo. Mira lo que estás haciendo y perdónate. Hoy duerme tranquilo porque tu matrimonio está siendo envuelto amorosamente y protegido con mi luz sanadora. ¡La luz infinita de Dios sana todo!

Arcángel Rafael

ARCÁNGEL URIEL

"Abundancia divina"

Todo de lo que disfrutas es abundancia divina, no hay nada que no esté bajo el control de tu Padre. Pero si no te estás sintiendo abundante es porque te estás separando del amor, no te estás sintiendo cubierto de la luz perfecta y total. Yo que soy la sabiduría de Dios vengo a ti para hacerte fluir en la abundancia que tienes enfrente de ti pero que no ves ni sientes. Tu búsqueda tiene que ser por el amor que te lleve a la paz y a poder disfrutar de la plenitud. En el momento que te quites el velo de la separación sabrás que Dios está siempre contigo y disfrutarás de tus dones espirituales. Ya no tendrás miedo ni escasez, estarás viviendo en la gracia. Tú eres plenitud, sabiduría, y gracia infinita de Dios. ¡Yo soy la luz y sabiduría universal!

Arcángel Uriel

ARCÁNGEL ZADQUIEL

"Trabajar en el perdón para poder transmutar el dolor"

El perdón es la llave que tienes para poder llegar al amor y desde el amor transmutar toda clase de dolor. Mi luz te ayuda a cambiar tu vida y regresar a la paz que tanto anhelas. Pero eso sólo depende de la capacidad que tengas para soltar todos los resentimientos y todo tu dolor y desapegarte de ellos. Estos resentimientos y dolor son causados por el miedo. Es el miedo que tienes por sentir que has fallado y que has dejado tu casa y has hecho sufrir a tu Padre. Pero estás a salvo porque estás protegido por la Divinidad. Sólo tienes que ser consciente y perdonar, para poder cambiar todo ese dolor que hay en tu corazón por rosas blancas y brillantes, que te llenarán de ternura y de amor. Cuando perdonas, Dios y sus Ángeles se hacen presentes en tu vida porque el perdón te permite aceptarlos para vivir en la Santidad de tu alma. ¡Sólo el perdón te lleva al amor y a la unidad con Dios y el universo!

Arcángel Zadquiel

ARCÁNGEL MIGUEL

"Protección de amor"

He peleado infinidad de batallas para librarte y protegerte de malas energías que son creadas por tu mente de miedo y desamor. Te he dicho mil veces que te amo y que todas mis batallas las gano con amor. Yo soy un guerrero porque elimino todos esos ataques de odio y dolor que te hunden en la tristeza. Mi fuerza es tan sutil como un pétalo de una rosa, pero penetra hasta lo más profundo de los pensamientos, y se mueve en todo el universo. Yo soy la fuerza del universo de hoy, y de todos los tiempos. Yo soy el velo azul dorado cubriéndote a ti y a todos tus seres queridos. Cuando no te sientas en armonía, recuerda que estoy presente enfrente de ti, detrás de ti, a tu derecha, a tu izquierda, arriba de ti y abajo de ti. No hay manera que mi protección de amor pueda fallarte porque soy la Divinidad. Soy la fuerza de Dios al rescate. ¡Solo Dios puede vencer el mal porque en la presencia del amor, el miedo desaparece!

Arcángel Miguel

ARCÁNGEL JOFIEL

"Rompiendo lazos etéreos"

Tú tienes que ser consciente como hijo de Dios, que el ego siempre te va a decir que solo el mal te acompaña, que solo el miedo es parte de ti. Ese miedo te va a formar monstruos horrorosos a quienes tú les vas a temer. Monstruos llenos de orgullo, monstruos llenos de celos, eso es ignorancia porque viene del ego, que es tu falso yo. Tu falso yo que te está mostrando algo que no existe porque en realidad estás huyendo, estás corriendo, estás temiéndole a algo que no existe. Recuerda, hoy mi luz del rayo amarillo rompe con todos los lazos etéreos, con todo el mal que te aqueja. ¡Hoy todo lo negativo queda deshecho!

Arcángel Jofiel

ARCÁNGEL CHAMUEL

"Recuperar el amor propio a través del Espíritu Santo"

Es tiempo de que des un paseo por los jardines rosas de tu mente sagrada. Donde te darás permiso para pensar solo con la mente de Dios dejando a tu ego a un lado. En este paseo de amor te guiará el Espíritu Santo que es el medio con el que te comunicas con Dios, que es Santo como tú, pero, desafortunadamente tú no lo sabes. Hoy en la mente recta de Dios guiado por su Espíritu entrarás a lo más profundo de tu ser para recuperar lo que has perdido. Aunque tú vives lamentándote de que necesitas muchas cosas para ser feliz, en realidad solo necesitas recuperar tu amor propio que escondiste hace mucho tiempo. ¡Este día como siempre te dejo en compañía de mi luz amorosa y de la paz total del Espíritu Santo!

Arcángel Chamuel

ARCÁNGEL GABRIEL

"Bendiciones"

Este día recibe a manos llenas las bendiciones que el universo de Dios y sus Ángeles te ofrecen. Eres un ser bendito desde el momento de tu creación. Dios nunca te ha limitado. Tienes todo para ser feliz. Mira a tu alrededor, estás rodeado de bendiciones que caen sobre ti como miles de pétalos de rosas que tus Ángeles te están entregando. Recibe estas bendiciones con gozo en tu corazón y da gracias por ser un bendito hijo de Dios. Recuerda que el agradecimiento genera abundancia, no te olvides nunca de dar gracias. ¡Los Ángeles están siempre contigo!

Arcángel Gabriel

ARCÁNGEL RAFAEL

"Intervención divina"

La compasión es en mi como lo es en tu Padre, como es el amor en el universo espiritual, que te envuelve tiernamente para que confíes y aceptes la sanación y la transición a una vida nueva de esperanzas. Cuando tu vista se posa en los llanos verdes, sanos y frondosos, puedes acariciar la fortaleza, la belleza, la tranquilidad y el sosiego. Esos llanos verdes también son parte de ti y respiran confiadamente que la intervención divina estará con ellos siempre. A ti que te aqueja tu dolor físico, mental, emocional o espiritual, no estás confiando en la Divinidad. No estás permitiendo que la luz divina de Dios entre en tu vida y en tu ser. No lo permites porque tienes miedo de dejar de sufrir, ya que quieres sentirte enfermo y necesitado de los cuidados. No te das cuenta de que estás siendo cuidado y protegido siempre. En el momento que aceptes la sanación, tu alma y tu cuerpo serán purificados y tu vida se llenará de esperanzas y felicidad. La intervención divina ha llegado a ti, acéptala sin dudar. ¡Soy la luz de Dios que sana!

Arcángel Rafael

ARCÁNGEL URIEL

"Protégete con la luz infinita de Dios para ver las bendiciones"

Vives en un universo lleno de amor, sabiduría, sanidad y abundancia, donde mi luz te cobija ininterrumpidamente llenándote de bendiciones. En los momentos que te sientes desprotegido, es porque no te estás cubriendo con mi luz y no puedes ver las bendiciones. Mi luz está siempre encendida y brillando para que puedas gozar de todo lo que se te fue dado. Las bendiciones de tu Padre caen sobre ti en todo momento como lluvia temprana para refrescar tu alma. En el momento que tú decides beneficiarte de toda la abundancia, solo tienes que aceptar ser cobijado con mi luz y estarás viviendo en abundancia. No hay nada que no se te haya dado antes porque tú eres parte de esa luz universal de Dios y sus Ángeles. Permítete brillar con esa luz universal de amor y verás tu florecimiento donde encontrarás la plenitud y la felicidad completa. No hay dolor ni sufrimiento bajo la luz amorosa de Dios porque todo es paz y bienestar absoluto. ¡Hoy es el día para recibir la abundancia divina y universal de Dios!

Arcángel Uriel

ARCÁNGEL ZADQUIEL

"¿Cuál es tu ejemplo de Santidad?"

¿Cuál es el papel que desempeñas como hijo de Dios? Si tú has llegado a la conclusión de que eres Santidad universal, sabes que eres Santo, y cuando tú tienes esa conciencia amorosa que eres Santidad, es porque tú te has deshecho de todos los malos pensamientos y te has perdonado. ¿Te has perdonado? Si has transmutado o estás en el proceso, transmutando o cambiando poco a poco todo dolor, todo sufrimiento, y estás siempre en la búsqueda del cambio positivo, es importante que te des cuenta de lo que estás haciendo con tu vida. ¿Estás usando esa Santidad y extendiéndola a los demás? Es necesario que, si tú has tomado conciencia como hijo de Dios, lleves ese ejemplo de luz de transmutación. Permite pues, que mi llama violeta de sanación te ayude a transmutar para ser ese ejemplo y guiar a tu hermano. ¡El espíritu de la gracia de Dios te acompaña al cambio!

Arcángel Zadquiel

ARCÁNGEL MIGUEL

"Soy el que guía tus pasos"

Soy el que guía tus pasos en tu vida, desde el momento de tu existencia hasta el infinito, nunca estás solo, siempre mi amor, mi fortaleza y mi luz están contigo. Cada latido de tu corazón, cada respirar y cada paso que das está siendo guiado. Si tú no reconoces el amor de Dios actuando en tu vida, es porque no has despertado del sueño de las ilusiones, pero cada vez que meditas un segundo, entras en contacto con la luz universal. No existe la posibilidad de que vivas sin Dios, puesto que su luz está en ti brillando cada día con más fuerza. La luz nunca se apaga porque eres parte de Dios y su amor brillará en ti por la eternidad. Tu mente terrenal muchas veces se niega a aceptar la Divinidad y se piensa en soledad. Tú creas la separación, pero en realidad no existe. Busca la conexión y comunicación con Dios porque Él está presente. ¡La luz infinita de Dios está guiando tus pasos!

Arcángel Miguel

ARCÁNGEL JOFIEL

"Milagros"

Tú mismo eres un milagro. Los milagros, son todas esas cosas bellas que tú recibes cada día en tu vida y muchas veces no las puedes ver. Los milagros son parte de ti; abre tu corazón y tu mente para que seas consciente de que existen para que puedas fluir como las aguas cristalinas de un río. Los milagros es el amor en ti que te inspira a crear, a crear armonía y felicidad en tu vida. Los milagros son la vibración energética del universo que te elevan, es Dios, es la fuente divina que te hace hoy vibrar en la pureza de su amor. Hoy recibe los milagros y sana todas tus angustias y aflicciones. ¡Hoy sé tú un milagro!

Arcángel Jofiel

ARCÁNGEL CHAMUEL

"Amor propio"

El amor propio es regido por las leyes universales espirituales del respeto, la autoestima, la empatía y la misericordia. El amor propio es la decisión al amor incondicional contigo mismo. Es encontrar los límites para guiar tu vida. La salvación no se da sola al igual que la sanación porque van de la mano. Si no eres capaz de guiar tu propia vida, no podrás ayudar a otros a encontrar el camino. Mi luz te da la fortaleza para abrir tu corazón al verdadero amor, al amor que te llena y te da felicidad. Tu integridad física, moral y espiritual, están presididas por el amor propio e incondicional. Cuando te amas incondicionalmente, restableces tu vida y das paso al restablecimiento de las vidas de los demás. Hoy mi luz te ilumina con la paz perpetua para que vivas la plenitud. ¡El amor de Dios te acompaña!

Arcángel Chamuel

ARCÁNGEL GABRIEL

"La serenidad y el cuidado personal"

Pon atención a tus hábitos alimenticios y a los excesos a los que estás sometiendo tu cuerpo. Tú trabajas mucho ayudando en el cuidado de los demás, hoy es tiempo de cuidar de tu cuerpo armonizándote y serenándote. Toma todo el tiempo necesario para dormir. El descanso durante el sueño te ayuda a recargarte con energías positivas. Disfruta cada momento de tu vida poniendo una sonrisa en tus labios y una intención de amor en tu corazón. ¡Mis Ángeles te están guiado y acompañando en esta sanación corporal!

Arcángel Gabriel

ARCÁNGEL RAFAEL

"Sanación milagrosa"

Cuando levantes tu mirada al Cielo buscando las respuestas a tus preguntas y plegarias, recuerda que Dios y sus Ángeles no te han dejado. Si sientes que tu enfermedad está tardando mucho tiempo en desaparecer, es tiempo que te des cuenta de que tú no la estás soltando y te estás aferrando al dolor. La luz infinita de Dios está siempre contigo, nunca descansa, ni por un momento aparta sus ojos de ti. Si realmente confías en la sanación milagrosa de Dios, ya no estarás enfermo. Cuando confías, con paciencia esperarás ver las bendiciones manifestarse y das gracias por la sanidad y la paz infinita. Ya no estás poniendo tus energías en la exigencia, sino en la confianza y la sanación milagrosa de Dios. Mi luz sanadora te está dando la fortaleza y la gracia para ayudarte a sanar. Te ayudo a poner tu fe en Dios sin dudar. Dios es la sanación milagrosa y mi luz te esta iluminado. Permite que la sanidad llegue a ti, a tu mente, a tu alma y a tu corazón. ¡Soy el Ángel de la salud, la medicina de Dios!

Arcángel Rafael

ARCÁNGEL URIEL

"Fuego de la verdad"

La verdad es la única salvación, la verdad es cuando miras al Cielo y te sientes iluminado con los rayos dorados de luz celestial. Dios es la única verdad en todos los tiempos y dimensiones, Dios es permanente nunca cambia. Su amor es infinito e incondicional que te guarda como la flor más preciada de un jardín. Dios es el fuego de la verdad que yo represento ante ti y ante generaciones. El fuego de la verdad es inmutable y es lo que yo te ofrezco. Si te caes levántate, yo te estoy sosteniendo, pero si te sueltas caminarás más despacio, aunque siempre iré a tu lado. La mesa siempre está puesta y a tu disposición, es tu decisión si quieres comer de ella. El fuego de la verdad aclara tu mente porque es la iluminación de Dios. Si quieres ver tus dones y tu abundancia, mira los rayos dorados iluminando tú mente y habrás encontrado el fuego de la verdad. Soy la luz que ilumina tu mente al despertar a la verdad. ¡Dios es la verdad absoluta!

Arcángel Uriel

ARCÁNGEL ZADQUIEL

"Liberación"

Todo lo que era gris hoy se viste con el color de la transmutación y la restauración, el color de tu visión de amor en tu vida. El perdón te ha liberado de la cárcel del miedo que habías formado con las ilusiones del ego. Hoy puedes ver tus prioridades y verte como eres en realidad: Un verdadero hijo de Dios lleno del Espíritu Santo viviendo en libertad. El miedo que era tu cárcel ya no existe, la transmutación está en ti. La justicia de Dios es el perdón, ¡Yo soy amor!

Arcángel Zadquiel

ARCÁNGEL MIGUEL

"El rendimiento de nuestra alma cuando se centra en el momento santo"

Mi amor y mi energía te están ayudando a limpiar y a desintoxicar tu cuerpo, tu mente y los espacios en donde te mueves. Hoy es el día de sanación, es el momento de renacimiento porque es el momento divino, es ese momento santo de comunión con Dios que ha llegado a ti. Hoy hay limpieza general en todo tu cuerpo y de tu sistema de pensamientos. Hoy serás liberado y renovado. Mi energía y luz azul violeta te están limpiando completamente para que veas un nuevo amanecer, un despertar feliz de conciencia donde vas a poder aceptar el verdadero ser que hay en ti. Verás ese ser de luz que es capaz y merecedor de todas las bendiciones del universo. Hoy tienes un nuevo amanecer viviendo en la abundancia y la plenitud. Tú eres hoy un ser de luz completo y sin complejos. ¡Eres el amado hijo de Dios!

Arcángel Miguel

ARCÁNGEL JOFIEL

"Tiempo de hacer limpieza"

Hijo mío, vengo a recordarte que soy el rayo de luz amarillo, soy la belleza y la iluminación de tu Padre. Soy tu iluminación, soy la luz que llevas dentro de tu corazón que te ayuda a limpiar y a disipar todo pensamiento y sentimiento de desamor. También te ayudó a disipar todas las energías negativas que te están rodeando a ti, a tu casa y a tu familia. Yo vengo a ti para darte sabiduría, la sabiduría divina que tú estás necesitando en este momento. Es tiempo de que el mundo eleve el nivel de conciencia, y tú eres el mundo para disfrutar de la luz del rayo amarillo. No olvides que es tiempo de crecer espiritualmente y ser esa conciencia divina y perfecta del Padre. ¡Estás siempre siendo purificado por la luz universal!

Arcángel Jofiel

ARCÁNGEL CHAMUEL

"Paz universal"

Con la paz universal también logras la salvación porque tú y el mundo se han despojado de la materia para vivir en Santidad. Se ha tomado una decisión de vivir en espíritu reconociendo que es el único camino al Cielo. Abrazas a tu hermano y con amor lo perdonas, como has sido capaz de perdonarte a ti mismo. Con el perdón has abierto las puertas de los Cielos para ti y los demás. Encontrar la paz universal significa la entrada al Cielo y yo estoy aquí para que puedas llegar a él. Libera tu peso de dolor del pasado y podrás encontrar la paz universal más pronto. ¡Mi luz amorosa te guía en tu búsqueda!

Arcángel Chamuel

ARCÁNGEL GABRIEL

"Conectando directamente con Dios"

Yo estoy aquí para recordarte que tus Ángeles reflejan el gran amor de Dios para ti y la creación. Soy la revelación del Padre y vengo a decirte que tú puedes conectar con la gracia desde tu corazón. Solamente necesitas elevar esa plegaria con amor, con fe y con esperanza para que tú puedas escuchar la respuesta a esa plegaria o a esa oración. No tienes que llamarle oración o plegaria, sino una conversación directa que puedes tener con tu Hacedor. Tú puedes hablar directamente, habla y escucha en silencio porque tu Padre te responderá. Dios siempre responde a tus plegarias, a tus oraciones y a tus conversaciones. Dios siempre está buscando tener una comunicación abierta contigo porque eres su hijo, y cuando hay ese entendimiento Dios se regocija de ello, así como tú te regocijas cuando puedes tener un entendimiento con tus hijos, con tus amigos o tus familiares. ¡No olvides que los milagros existen porque tú los has vivido desde el momento que fuiste creado!

Arcángel Gabriel

ARCÁNGEL RAFAEL

"Estar en armonía con nuestro Ser Superior"

La armonía y el balance son parte de la sanación de tu cuerpo y de tu espíritu. Yo no solo te ayudo a sanar tu cuerpo sino a sanar tu alma. Pero sin armonía no puedes estar en balance con el universo para poder sanar. Entra en armonía con tu "Ser Superior" y encontrarás el balance de todo tu ser. Cuando estés en armonía con tu "Ser Superior" vas a poder conectar con la Divinidad, Dios, la Fuente infinita de amor que puede sanar todo. Tú tienes tu libre albedrío y tu deseo es lo más importante. Si no das el permiso para ser sano, seguirás pensando que estás enfermo y no podrás ver ni sentir la sanidad en tu cuerpo y tu espíritu. Toma la decisión de ser sano y conecta con tu "Ser Superior" en armonía y amor, y verás los milagros de sanación en tu vida. Yo estoy cuidando de ti y te declaro sano. ¡Ya eres sano!

Arcángel Rafael

ARCÁNGEL URIEL

"El perdón usando la sabiduría del corazón"

Yo que estoy ante la presencia de Dios te estoy ayudando a perdonarte a ti mismo y a ser humilde. El perdón te lleva a entender quien tú eres y a usar la sabiduría de tu corazón. La iluminación llega a tu mente y la sabiduría a tu corazón. La sabiduría del corazón es la flor más preciada que debes cuidar y alimentar. La sabiduría del corazón es la llave que te lleva a donde tú quieras llegar, porque has perdonado y estás usando esta sabiduría para conectar con tu Padre. La sabiduría del corazón, son tus sentimientos, es el amor en ti. Es la paz y la luz que te guían, es la inspiración de tus Ángeles mandados por Dios para guiarte. Todo lo que estás haciendo este bajo la luz divina de Dios y sus Ángeles, su luz es prosperidad, sanación y abundancia. ¡La iluminación está en ti, porque soy la presencia de Dios!

Arcángel Uriel

ARCÁNGEL ZADQUIEL

"¿Qué dolor quieres transmutar hoy?"

La gloria de Dios viene a ti para ayudarte a hacer cambios positivos en tu vida. Si tú realmente estás decidido a hacer cambios en tu vida, Dios hoy y siempre te dice que sí. Recuerda que tienes libre albedrío, que es lo que se te ha dado desde que tú fuiste creado, así es que no puedes hacer algo si realmente tú no lo deseas hacer. Nadie puede obligarte a hacer nada que tú no lo desees. Pero si tú realmente sientes ese llamado a hacerlo, lo harás porque Dios siempre te dirá que sí. Dios siempre estará a tu lado para ayudarte a hacer cambios positivos en tu vida, a liberarte de cualquier dolor, enfermedad, tristeza, o de un pasado doloroso. ¡El fuego de Dios te acompaña siempre, es el Espíritu Santo!

Arcángel Zadquiel

ARCÁNGEL MIGUEL

"Fuerza Interior"

Tu fuerza interior es tu arma más poderosa para vencer cualquier adversidad porque es la fuerza infinita de Dios en ti. Esa fuerza infinita siempre te resguarda y te protege a ti y a tus seres queridos. Cuando tú aceptas ese poder en ti, tú puedes sanar todos tus males porque has reconocido en realidad quién eres. Eres fortaleza, y yo estoy caminando contigo en cada momento uniéndome a tu fuerza. ¡Soy la fuerza infinita de Dios!

Arcángel Miguel

ARCÁNGEL JOFIEL

"Tu propósito es el mismo que el propósito de Dios"

Cuando lleguen a tu mente cuestionamientos acerca de cuál es tu propósito en tu vida, yo te diré hijo mío. Mi propósito y el tuyo es el mismo, es "que tú encuentres la luz". Siempre estoy de manera permanente iluminando el camino hacia ti mismo. Cuando digo que estoy iluminando el camino a tu luz, es que estoy iluminando tu vida, tu mente, tu corazón y tus pensamientos, para que puedas encontrarte a ti mismo. Te guío para que puedas encontrar tu esencia limpia y verdadera. En el momento que tú te has encontrado contigo mismo, con el "Ser", vas a sentirte en unión con el amor de Dios. Vas a sentirte en paz, sano, vas a sentirte completo y feliz. Mi propósito y el tuyo son el mismo, "tu felicidad, tu plenitud". ¡Recuerda que es importante tener conciencia de que Dios mora en ti!

Arcángel Jofiel

ARCÁNGEL CHAMUEL

"Tiempo de celebrar porque estamos protegidos y sostenidos por el Mundo Espiritual"

El amor y la luz que hay en mí, es la misma luz dentro de ti que está fluyendo proveniente de nuestra "Fuente eterna". Hoy te ayudo a encontrar esa luz de amor en ti que brilla más que el sol, pero no puedes ver porque estás buscándola en el lugar equivocado. Mira dentro de tu corazón y te darás cuenta de que esa luz está en ti permanentemente, y te ayuda a quitar los velos del dolor, la enfermedad, el odio, la envidia, la ira y el desamor, que está causando el miedo que es parte de tu ego. Cuando logres quitar esos velos vas a encontrar tu verdadera identidad que es tu luz. Tú eres luz y amor como nuestra "Fuente infinita", no sigas siendo esclavo de la oscuridad de tu ego, porque te hundirás en el dolor y la infelicidad. Yo te ayudo a encontrar el camino hacia tu "Ser Superior", donde descubrirás que estás siendo protegido y resguardado en cada momento de tu vida por la Divinidad. ¡Eres un ser de luz y amor, solo tienes que creerlo y aceptarlo!

Arcángel Chamuel

ARCÁNGEL GABRIEL

"Una palabra de aliento"

Hijo mío, si en este momento te sientes en desespero, yo vengo a ti para traerte una palabra de aliento. Yo vengo a ti hoy precisamente para darte esa palabra de aliento, la quietud, el amor, la sanación, poniendo en tu mente pensamientos positivos y amorosos, y en tus manos lirios blancos. Recuerda que cada vez que yo coloco lirios blancos en tus manos, es el recordatorio que soy el Ángel de la bienaventuranza, que soy el mensajero, soy el dador de buenas noticias. La buena noticia que te traigo para ti hoy es el aliento, es la paz, es la quietud. ¡No olvides que la presencia de Dios es constante en tu vida!

Arcángel Gabriel

ARCÁNGEL RAFAEL

"Consagración y sanación"

Hoy tú has pedido sanación y consagración. "Soy el Ángel de la sanación y la consagración". Hoy la luz verde esmeralda llega a ti y al mundo para que sean conscientes de que solamente son percepción de amor de Dios. Hijo mío, cuando te digo que eres percepción de amor de Dios, es porque Dios, tu Padre, la Divinidad, solamente te percibe, así como Santidad, como sanidad. Así es que tú hoy puedes sentir esa consagración y esa sanación. Cuando te consagras con la luz divina de sanación, te sientes empoderado y sabes que puedes lograr cualquier propósito en tu vida porque eres sano completamente. Tu cuerpo, mente y alma no se sienten fragmentados, estás completo y puedes hacer todos esos cambios significativos en tu vida espiritual, de trabajo y familiar. La consagración de sanación está en ti. ¡Conságrate con el rayo de luz verde esmeralda de sanación de tu Padre!

Arcángel Rafael

ARCÁNGEL URIEL

"Tus oraciones han sido contestadas"

Pon atención a lo que tengo que decirte hoy, "Yo soy el Arcángel del fuego del espíritu de Dios". Soy esa llama de luz en ti, soy tu fuerza, soy vida, soy el espíritu en ti que te hace tener conciencia de quien tú eres. También soy tu fuerza mental y espiritual que te guía a los caminos de la sabiduría para que encuentres la abundancia y la riqueza que hay en ti. Necesitas darte cuenta de que el amor de Dios es infinito, y que no hay ninguna oración de clamor que tu hayas hecho que no haya sido contestada. Todas tus oraciones son contestadas, pero muchas veces tú no ves los resultados porque sigues vibrando en la pobreza y en el miedo. Si tú pides abundancia, pero tienes pensamientos de carencias, solo carencia vas a ver a tu alrededor. Vibra en el amor y el fuego del espíritu de la abundancia, y serás rico en sabiduría y en bienestar. No hay un hijo de Dios que sea pobre, Dios da y da en abundancia. ¡Siéntete merecedor y florecerá tu vida y todo a tu alrededor!

Arcángel Uriel

ARCÁNGEL ZADQUIEL

"Tiempo de transmutar"

La transmutación es cambio, renacer, y se logra solamente con conciencia y amor. Con la llama violeta de transmutación puedes hacer el cambio y decir "he hecho un cambio significativo y amoroso, me siento bien". Recuerda que tienes libre albedrío para tomar la decisión que te ayude a transmutar el dolor. Soy la llama violeta de la transmutación de dolor, pesar, duelos, angustia, enfermedades y todo lo que no es amoroso en tu vida. El libre albedrío significa que puedes hacer lo que tú quieras, crear lo que tú quieras crear. Pero llega un momento en tu vida cuando estás en búsqueda de sanación, cuando el dolor no cesa, y necesitas ayuda de tu Padre. Necesitas transmutar, entregar ese dolor porque llevas heridas, clavos, una cruz a cuestas, cargando todas tus dolencias, culpas rezagadas, tuyas y ajenas. Te has apegado de forma negativa y no quieres soltarlas, es tiempo de transmutación, de cambio, de decir: ¡Hoy quiero liberarme, quiero sanar, quiero sonreír, quiero ser feliz y esa felicidad solamente me la da el Padre!

Arcángel Zadquiel

ARCÁNGEL MIGUEL

"De la mano de los Ángeles"

¿Te has dado cuenta de que todo el tiempo vas caminando de la mano de uno o muchos Ángeles? Nunca estás solo. Dios, tu Padre, creó Ángeles para que cuiden de ti, para que te guíen en los momentos de tribulación. Soy la fuerza infinita de Dios y te estoy guiando para que puedas apartarte del ego un momento o darte un espacio para ver tu luz. Es importante que te desapegues del ego para que puedas escuchar la guía divina. La guía divina siempre está ahí para quien la quiera seguir, y yo estoy aquí para guiarte con todos mis Ángeles, si tú aceptas ser guiado por la Divinidad. Camina de la mano de mis Ángeles, ellos están ahí para cuidar de ti. La luz divina de Dios está presente en tu vida para guiarte, para iluminar tu camino. No tengas miedo de pedir ayuda. Cuando sientas desmayar tus Ángeles siempre estarán ahí para levantarte. Para levantarte en sus manos y elevar tu vibración y que conectes con el espíritu de Dios. ¡Siempre estás ante la divina presencia del Altísimo!

Arcángel Miguel

ARCÁNGEL JOFIEL

"Momento de aprendizaje"

En estos momentos de aprendizaje, permite que mi rayo de luz te ayude a desapegarte, a soltar y a liberar todo el dolor que no te permite avanzar. Yo soy la belleza de Dios. Soy el Rayo de luz que te ayuda a fluir con amor, te ayuda a encontrarte con tu ser, con la belleza, porque eres bello. Tu belleza es la Santidad de Dios morando en ti. Estás necesitando encontrar tu belleza porque cuando tú te encuentras con esa belleza, te das cuenta de quién eres realmente; emprendes el camino hacia tu misión de vida y nadie te detiene porque vas fluyendo con el amor de Dios. Has encontrado lo más bello, el amor de Dios. ¡Cuando tú sabes que el amor de Dios está en ti no tienes miedo a nada y sigues adelante conquistando triunfos y aceptando derrotas!

Arcángel Jofiel

ARCÁNGEL CHAMUEL

"El amor, el encuentro con tu alma gemela"

Hoy tu Arcángel del amor, de la tolerancia, de la fortaleza, de la abundancia, de la creatividad, de la paz y de todas las cosas bellas que tú posees pero que todavía estás buscando, te está ayudando a encontrarlas, pero sobre todo te está ayudando a encontrar el amor en pareja, "tu alma gemela". Esa otra persona en tu vida que tú sientes que va a ser tu complemento. Es esa persona que tal vez ya está contigo, pero no te has dado cuenta de que es tu pareja ideal. Hoy te voy a guiar al lugar perfecto donde vas a encontrar esa persona idónea para ti. Mis Ángeles de la banda del amor y el romance formarán una atmósfera cálida de bienestar y dulzura para ti y esa persona, para que se de ese encuentro amoroso. Y si ya tienes a tu alma gemela a tu lado te ayudaré a que puedas reconocerle poniéndoles el romanticismo en sus corazones. Hoy es el día de encuentros y de reencuentros, el día que verás en los ojos de tu pareja el amor, dulzura y pasión. Hoy te dejo con el amor en el aire, respíralo e imprégnate de él. ¡Hoy es el día del amor!

Arcángel Chamuel

ARCÁNGEL GABRIEL

"Lidiando con los azotes del ego"

Tú eres un ser espiritual, pero peleas batallas duales porque estás encarnado en un cuerpo material. Ese cuerpo material te dice que solamente eres "dualidad", porque el cuerpo es materia. La materia es parte del ego. Cuando tú llegas a este plano vienes a aprender, a crecer espiritualmente, y la única forma que tienes para aprender es a través de estar encarnado en un cuerpo dual. El ego va a aprovechar cualquier situación para ponerte barreras y bloquearte, decirte que solamente eres materia. Te dirá que tu espíritu no existe y como tú estás involucrado o envuelto en la materia, vas a creerle. Ahora yo vengo a ti con fuerza para deshacer el miedo, la ansiedad, el dolor, la depresión, la angustia. El miedo es el peor enemigo de tu mente, y cuando la envuelve te roba la voluntad creativa, la voluntad de creer, la voluntad de sentir emociones nuevas. No estás inspirado o no puedes sentir la presencia del Espíritu Santo. ¡Así que es importante que trabajes para deshacer los azotes del ego con la fuerza de acción de la luz sagrada y bendita!

Arcángel Gabriel

ARCÁNGEL RAFAEL

"Consagración y sanación"

Cuando un dolor te está afectando necesitas un santuario, necesitas un bálsamo, y ese bálsamo de sanación es la luz verde esmeralda. Es la luz que penetra profundo en tu mente, en tu corazón, y en cada una de tus células y te trae calma, paz, sosiego, sanación. El rayo de luz verde de sanación te rescata del dolor y el sufrimiento. Nunca lo dudes, que eres rescatado por la luz de sanación. La luz verde esmeralda brilla en ti y te trae sanación a tu dolor. Hoy te digo a ti hijo mío: ¡Descansa sobre mis alas, que yo curaré tus penas, tus heridas y todo tu dolor!

Arcángel Rafael

ARCÁNGEL URIEL

"Conexión con la Divina Presencia"

Tu cambio viene desde tu interior y te llenas de paz y alegría. Confías plenamente en que una transformación es necesaria en tu vida para liberarte de la cárcel del miedo, que te lleva siempre al precipicio de la muerte. La Divina Presencia te enseña que la muerte es solo un invento de terror que tú has inventado porque la muerte no existe. Si tú que eres el hijo de Dios pereces, consecuentemente tu Padre también perecerá. Pero de ninguna manera, Dios está vivo, ha estado vivo y vivirá por la eternidad, y tú vivirás con Él. ¡Conéctate con tu Divina Presencia que es la manifestación de Dios en ti!

Arcángel Uriel

ARCÁNGEL ZADQUIEL

"Comunicación con Dios"

¿Has escuchado por mucho tiempo que solamente los "Santos" pueden comunicarse con Dios? Estás en lo cierto, "y tú eres Santidad", consecuentemente, tú puedes comunicarte con Dios, con tu Padre. La única manera que puedes interrumpir una conversación o una comunicación con Dios es por la culpa, que tú no te hayas perdonado. Dios siempre se comunica contigo. No permitas que los miedos te aparten de tener esa comunicación abierta con la Divinidad. Tú puedes tener esa comunicación abierta con tu Padre en cada instante de tu vida. No importa en el lugar en donde te encuentres. No importa lo que esté pasando en tu vida, siempre puedes tener ese acercamiento divino con tu Padre. Usa el silencio. Escucha a Dios hablar. Cree lo que escuchas y ponlo en práctica y verás que puedes recibir la ayuda que estás necesitando. Pero recuerda que necesitas dejar todos tus juicios en el pasado y romper con tus miedos. Deja de juzgarte a ti y no juzgues a tu hermano. ¡La luz de la transmutación te acompaña!

Arcángel Zadquiel

ARCÁNGEL MIGUEL

"Los altares celestiales"

Los altares celestiales son el regreso a casa. Puedes regresar a ella en el momento que lo desees. Solo necesitas cerrar tus ojos y permitir la luz de Dios brillar en ti y elevarte. Sentirás la expiación de tu espíritu vibrante amorosamente conectando con la fuente. Conéctate con el amor de tu Padre. Cuando sientas miedo, ansiedad, angustia y desesperación, recuerda que siempre estás ante los altares celestiales. Siempre puedes acudir y buscar de ellos. Porque es a donde tú perteneces, tú eres parte de ese reino, Cielo, paraíso, o como tú lo quieras llamar. Yo que soy la fuerza infinita y divina de Dios, te estoy protegiendo con la corte de Ángeles de la banda de la protección. Si has sentido soledad es porque no estás vibrando alto, el miedo te está diciendo que tú no eres Santo y tú lo has escuchado. Es tu decisión si quieres escuchar la voz de Dios o la del ego. ¿A dónde quieres poner tu fe? Dios siempre te va a acompañar todo el tiempo. ¡Los altares celestiales te pertenecen, son tuyos, fueron creados para el hijo de Dios!

Arcángel Miguel

ARCÁNGEL JOFIEL

"Rompiendo lazos etéreos"

Muchas veces te sientes vibrando en energía discordante, en energía de desamor que tú le puedes llamar mal. Hoy vengo a ti para entregarte la energía de sanación para deshacer el mal. Ese mal que tú sientes que te entristece. Ese mal que a veces no te deja pensar con claridad, te nubla tu mente, tu pensamiento, tu vida. Hoy con mi rayo de luz vas a deshacer todos los lazos de apego que te atan a energías discordantes. Todo lo que te hace mal, todo lo que te hace llorar, todo lo que se te hace pesado y no es útil como lo es el orgullo y los celos provenientes del miedo. Recuerda, "hoy mi luz del rayo amarillo rompe con todos los lazos etéreos, con todo el mal que te aqueja". ¡Hoy todo lo negativo queda deshecho!

Arcángel Jofiel

ARCÁNGEL CHAMUEL

"El amor es tu fuerza"

Soy el Ángel del amor y de la fuerza infinita del universo. Hoy disfruta de la dulce presencia y sana tu corazón. La armonía de la luz rosa sana todo dolor. Si sientes que tienes el corazón roto por algún problema familiar, un problema de pareja o enfermedad, te sientes triste, desolado, sientes que hay tristeza en tu corazón y a tu alrededor. Recuerda que nunca estás solo porque la luz de Dios te acompaña, estás rodeado de Ángeles, todos los Ángeles de la banda del rayo rosa te acompañan y te cuidan siempre. Recuerda que soy el Ángel del amor, no tengas miedo de confiar y de entregar todo tu dolor al Padre. Yo te entregaré la llave para que puedas encontrarte contigo mismo, para que puedas encontrarte con la sanación. La sanación está en ti, no fuera de ti. ¡No lo olvides, mis Ángeles siempre te están acompañando!

Arcángel Chamuel

ARCÁNGEL GABRIEL

"La promesa de contestar oraciones"

Hijo mío, la promesa que yo he hecho, de contestar todas tus oraciones o plegarias es garantizada, porque soy el mensajero de Dios, el dador de buenas noticias. Ten paciencia y no temas, porque los milagros llegarán a tu vida sin importar donde estés y cómo te sientas; porque has invocado la presencia de Dios que ya es en ti. Así es que no olvides que cuando tú haces una plegaria a tu Padre, esa plegaria ya ha sido contestada. Solamente necesitas tener confianza, tener fe de que ese milagro se estará manifestando en tu vida en el momento que tú realmente quieras verlo. Así como yo he prometido contestar tus oraciones, así también tú prométete a ti mismo que vas a estar confiado en que tu Padre nunca te fallará. Siempre estás protegido y resguardado por la gracia. ¡El Ángel de la revelación te acompaña!

Arcángel Gabriel

ARCÁNGEL RAFAEL

"La cura para tus males"

Hoy, te invito a mirar la Santidad en ti y a recibir la cura para todos tus males. Sí, cuando yo digo la cura para todos tus males, es para que tú quites de tu mente toda la percepción equivocada que tienes del dolor y la cambies por positivismo, por luz, por amor. Porque tú eres amor y el amor es sanación. Recuerda que cuando el ego no se está interponiendo al amor, tú eres Santidad, tú eres Sanidad, tú "Eres". El dolor que estás percibiendo, no es más que una ilusión provocada por el ego; una ilusión aterradora que sientes desgarrarte de dolor, pero en realidad tú eres sano. Confía pues en tu sanación, porque fuiste creado a la imagen y semejanza del Padre, que es Santidad. No olvides que eres un "Santo hijo de Dios", ¡sano, completo y feliz!

Arcángel Rafael

ARCÁNGEL URIEL

"Las señales angélicas"

Rayos de la luz celestial son las señales angélicas que te estoy mandando como prueba de que te estoy acompañando y ayudando a resolver tus problemas. Mi luz y mi sabiduría están contigo guiándote en cada momento de tu vida mostrándote el camino correcto. Las señales en el Cielo son tu mapa que debes seguir porque te estoy iluminando tu mente y dando paz a tu corazón. Tu hogar, tu trabajo, tus estudios, el amor, el bienestar y la abundancia dependen de ti mismo cuando sigues las señales del mundo espiritual. Las señales que te estoy mandando son muy claras, pero tienes que usar tu intuición y la fuerza de tu amor en tu corazón. Te bendigo a tus hijos, a tus padres y a todos tus seres queridos. Los bendigo con amor y sabiduría porque es lo que más necesitan en este momento. Los Ángeles de la luz celestial te protegen y te abrazan con su amor incondicional. ¡Estás siendo guiado por el mundo angelical!

Arcángel Uriel

ARCÁNGEL ZADQUIEL

"La visión del Padre"

Hoy escoge o elige la visión del Padre, que es la visión de transmutación. No puedes transmutar el dolor sin la visión del perdón. La luz de Dios te libera de todo sufrimiento cuando eliges el perdón. Como te habrás dado cuenta, eres un ser que está encarnado viviendo en la dualidad, donde el ego siempre te va a poner barreras para que elijas la visión equivocada. ¡Siempre habrá dificultades para poder lidiar con el ego, pero si tú realmente quieres tomar una decisión acertada, vas a tomar la decisión desde el amor que es Dios y podrás sanar tus padecimientos!

Arcángel Zadquiel

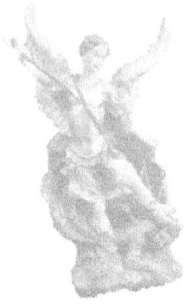

ARCÁNGEL MIGUEL

"Mensaje de fe y equilibrio"

Es tiempo de encontrarte contigo mismo. Es tiempo de alzar el vuelo y volar más alto que las águilas. Libera los sentimientos de victimización. Recuerda, yo soy la fuerza y la justicia de Dios, que te cuida y te protege en todo momento. Entra en tu luz y ponte en equilibrio. Recuerda que el equilibrio lo encontrarás en tu luz, en tu fe, en tu confianza, que es la misma que sientes por tu Padre. Recuerda también que cuando quieres alcanzar un propósito, necesitas tener balance porque vas a levantar la mano y alcanzar esa estrella, alcanzar esa meta que estás necesitando en ese momento, no lo vas a poder lograrlo si no estás en equilibrio para volar alto. ¡Recuerda, siempre estás ante la presencia del Padre!

Arcángel Miguel

ARCÁNGEL JOFIEL

"Tiempo de soltar"

Hoy las puertas de la prisión del dolor se abren para soltar y liberar. Recuerda que soy el rayo de la luz amarilla que te ayuda a fluir con amor. Eso significa limpieza, significa limpieza de todo lo que no es positivo en tu vida. Vas a comenzar a limpiar desde adentro, ¿Qué significa limpiar desde adentro? Significa que vas a comenzar a limpiar tus pensamientos negativos que no te dejan fluir. Limpiar tu corazón, limpiar tu cuerpo, limpiar tu casa, limpiar todo a tu alrededor que no es armonioso. Limpiar todas esas energías discordantes que te rodean, depurar relaciones de amistades si te has dado cuenta de que cuando te encuentras en compañía de ellos tú no estás vibrando en amor, sino en miedo. Cuando tú sueltas, liberas, te dejas llevar por la luz del rayo amarillo y permites que se haga una limpieza desde la raíz. Esto ayudará a que todo dolor quede cortado, que todo el dolor se diluya, que tu energía pueda fluir libremente y tú puedas vibrar en amor. ¡La liberación del Cielo llegó a ti!

Arcángel Jofiel

ARCÁNGEL CHAMUEL

"Solo el amor puede sanar tus heridas"

Presta mucha atención, aunque ya te lo he repetido antes, solamente el amor puede sanar las heridas emocionales del pasado, y te ayudará a encontrar el balance y felicidad en tu vida. Las heridas emocionales causan mucha ansiedad, mucha depresión, frustración, porque es dolor que no comprendes. Es un dolor que no entiendes porque está ahí en tu mente atormentándote, todo el tiempo estás buscando una salida. Esas heridas emocionales que tú sientes que son tan pesadas, tan fuertes, son aprendizajes dolorosos para tu crecimiento, y tú puedes decir. ¿Cómo puedo crecer con tanto dolor? Si puedes crecer, porque en busca de esa sanación tú vas a encontrarte con tu "Ser", vas a encontrar tu propia luz, la luz de sanación que ya es en ti. Así es que, la luz divina del amor de Dios brilla en ti hoy y siempre, ve y búscala y sana tus heridas emocionales. ¡Recuerda que solamente el amor puede sanar las heridas emocionales!

Arcángel Chamuel

ARCÁNGEL GABRIEL

"La revelación divina"

¿Cuánto has atesorado en tu corazón? Hoy la revelación del Cielo viene a ti a recordarte tu Santidad. Tu Santidad como hijo de Dios es lo que debes atesorar en tu corazón. Cuando hablamos de atesorar es que es tu tesoro, es tu virtud, lo más valioso que tú posees. Cuando tú estás en la mente recta de Dios y reconoces que eres un Santo hijo de Dios, estás atesorando bondad, esperanza, quietud, y todo eso se resume en sanidad. Porque cuando tú tienes todo ese atesoramiento estás lleno de amor. Yo soy el amor de Dios, la revelación divina de Dios que siempre te está recordando la importancia que tiene estar vibrando en el amor. ¡Esa es mi revelación para ti, que sientas la Divinidad, el Espíritu de Dios vibrando en ti!

Arcángel Gabriel

ARCÁNGEL RAFAEL

"Balance emocional"

La cura de la luz verde esmeralda de Dios viene a ti a establecer el balance y equilibrio en tus emociones, y en tu salud corporal y espiritual. Es tiempo que tomes cuenta que necesitas recuperar la paz y la cordura en tu vida. Si no puedes aquietar tus emociones, todo tu sistema se descontrola. Hay una desorganización en todo tu ser, por eso hoy vengo a ti para ayudarte a que tú tengas ese balance emocional y puedas sanar tu mente, tu cuerpo, y calmar tu espíritu. El verde esmeralda brilla en ti hoy para poder sanarte. ¡Acepta la sanación del Cielo porque te pertenece!

Arcángel Rafael

ARCÁNGEL URIEL

"Espíritu de la existencia de Dios"

El espíritu de la existencia de Dios se está haciendo presente, lo celestial, la fuerza infinita, la existencia de la vida y el Espíritu Santo, todo lo que es, Dios en su extensión y esplendor, la sabiduría y abundancia, la naturaleza y la salud, el amor completo y total. Soy la representación del fuego del espíritu de Dios, el símbolo de la energía divina omnipotente y omnipresente que viene a cambiar tu conciencia para ayudarte en tu despertar a la verdad. Como guardián del "Libro de la vida", conozco tus pensamientos, sentimientos y emociones, tus actitudes y aflicciones en todas tus existencias. Mi misión es llevarte sabiduría cuando tú lo permites. Eres fuerte, sano y feliz, eres sabio porque estás usando la mente de Dios cuando piensas, creando pureza y bienestar. Medita en silencio, conecta con tu parte divina y podrás entrar a los altares celestiales reservados para ti "Santo hijo de Dios". No tengas miedo y siéntete merecedor de tus dones creativos y espirituales. ¡La luz infinita de Dios ilumina tu mente!

Arcángel Uriel

ARCÁNGEL ZADQUIEL

"Luz violeta de transmutación"

Cierra los ojos un instante, el espíritu de la divina Presencia te va a envolver completamente con la luz violeta de transmutación. Permite que la llama violeta te llene de confianza y benevolencia para que puedas cambiar tu sistema de pensamientos. Todo lo que es negativo en tu vida hoy se convierte en positivo. El trabajo de la llama violeta es transmutar, es cambiar; es cortar de raíz todo lo negativo y convertirlo en positivo, si así tú lo deseas. Así es que, si tú quieres cambiar tu sistema de pensamientos, hacer ese cambio positivo, hoy es el momento, el momento de salir de cualquier situación tóxica en la que te encuentras. ¡Hoy recibirás toda la benevolencia que estás necesitando!

Arcángel Zadquiel

ARCÁNGEL MIGUEL

"Confianza infinita"

Hoy mis alas se expanden para protegerte en cada instante de tu vida como lo hago todo el tiempo, pero hoy quiero que tengas esa percepción en tu mente y en tu corazón que estás siendo protegido y resguardado por la gracia. Cuando confías en la fuerza infinita de Dios, sabes que no estás solo y que tus oraciones son contestadas porque fueron escuchadas. Mis brazos están abiertos para que tú vengas a refugiarte en mí en el momento que sientas pesar, que sientas tristeza, que sientas desolación, no importa el problema o situación que estés pasando. ¡Tienes la protección infinita de Dios, todo el tiempo!

Arcángel Miguel

ARCÁNGEL JOFIEL

"Día de liberación"

Soy el Ángel de la iluminación y la limpieza. Soy la luz que te ilumina para que puedas liberarte de toda energía de desamor que esté nublando tu mente, tu casa, tu trabajo o tu familia. Pues hoy vengo a ayudarte a liberar todas esas energías negativas que te tienen estancado, esas energías negativas que no te dejan crecer. Es tiempo de extenderte y multiplicar. Hoy todas esas nubes grises van a quedar deshechas y verás la belleza de Dios y la Santidad brillar en ti. La liberación es un llamado a la acción. Cuando tú estás liberado de todo pensamiento de desamor, todas esas nubes grises desaparecen de tu mente y tú puedes fluir. Cuando tú fluyes eres creativo porque estás sintiéndote parte de la divina Presencia de Dios. Eres fluidez. ¡Eres energía pura y bendita del Padre!

Arcángel Jofiel

ARCÁNGEL CHAMUEL

"Encuentro con la paz"

Hoy ve al gran encuentro de los grandes rayos de luz, estos rayos de luz rosa hoy te iluminan el sendero para que encuentres tu camino de regreso a tu interior. A tu alma, tu espíritu, tú fuente. ¿Te has preguntado cuánto tiempo has estado en busca de la paz y del sosiego? Es posible que no lo hayas encontrado porque no estás buscando en el lugar correcto. Estás buscando el amor, buscando la paz y el sosiego fuera de ti. Hoy con la visita de los grandes rayos de luz rosa, te darás cuenta de que tu luz brilla internamente en ti. Tu luz de paz, de amor y de sosiego, están en ti, no fuera de ti. Así es que ve al reencuentro con tu esencia, con tu pureza, y podrás vivir esa paz, ese amor y ese sosiego que andabas buscando. ¡El rayo de luz rosa te acompaña en tu viaje de regreso a ti!

Arcángel Chamuel

ARCÁNGEL GABRIEL

"Motivación e inspiración"

Soy la revelación del Cielo y vengo a ti con amor. Recibe el llamado de acción. Es tiempo de motivarte e inspirarte y desarrollar nuevas ideas que te abrirán el camino para alcanzar tus metas. Si estás inspirado con una idea en tu mente que quieres desarrollar, no tengas miedo de entrar en acción y desarrollarla. Sí estás inspirado, motívate y ponte en acción. ¡Yo te estoy ayudando a que te inspires, a que te motives y a que te actives!

Arcángel Gabriel

ARCÁNGEL RAFAEL

"Alcanzando la paz"

El sosiego es ese sentimiento de ir en el camino correcto hacia la paz. Estás cerca de encontrarte con la sanación. Cuando te encuentras con la paz eres sano. La sanación del Cielo baja a ti porque llegas a tener equilibrio y ese equilibrio es espiritual, donde quitas el enfoque en lo material y te enfocas en lo espiritual. Por esa razón te sientes en paz, tu alma está segura o siempre lo ha estado de que estás a salvo, por eso vives la felicidad. ¡La paz, es sanación!

Arcángel Rafael

ARCÁNGEL URIEL

"Despojo de pensamientos de carencia"

La sabiduría de Dios es un rayo de luz que ilumina tu mente. Cuando ese rayo de luz hace contacto con tu ser, tú empiezas a vibrar en diferente armonía. Es una armonía de felicidad, de inspiración y de creatividad. Has sido tocado por la luz de Dios que te ayuda a deshacerte de todo pensamiento que no sea amoroso. Hoy mi sabiduría está tocando tu ser, está tocando tu alma para que puedas despojarte de tus pensamientos de carencia. Hoy soltarás los bloqueos de todo lo que te dice que no eres capaz, que no tienes el poder para hacer o para crear. ¡El universo está lleno de posibilidades y todas son para ti!

Arcángel Uriel

ARCÁNGEL ZADQUIEL

"Sanación física y emocional"

Los pensamientos de dolor de tu pasado te llevan a sentirte triste y miserable; consecuentemente actúas en contra de ti mismo porque te están afectando emocionalmente. Si tú estás dispuesto a soltar y liberar todo ese pasado de dolor, podrás encontrar la sanidad. Es momento de tomar una decisión que solamente es tuya. Yo estoy aquí para transmutar esos pensamientos de dolor y llenarte de amor y alegría. La sanación es parte de ti, pero no lo recuerdas. ¡Yo soy la luz que ilumina el camino a tu sanidad física, mental y espiritual!

Arcángel Zadquiel

ARCÁNGEL MIGUEL

"Protección infinita"

Yo soy la fuerza infinita de Dios que te sostiene hoy y siempre a ti y a toda tu familia, así es que no permitas que el ego te envuelva en el sentimiento de separación del Padre, porque tú nunca estás separado. Tu Padre siempre está presente en tu vida. Tienes una protección infinita, siempre estás ante la Presencia del Padre y cuando se está ante la Presencia del Padre nada puede pasarte, aunque tú tengas la percepción equivocada, porque el ego te está diciendo lo contrario, que estás en peligro. ¡No lo olvides, estás protegido y resguardado por la fuerza infinita de Dios!

Arcángel Miguel

ARCÁNGEL JOFIEL

"Desarrollando la intuición"

La meta que tienes hacia tu misión de vida, cualquiera que sea, no puede ser alcanzada sin tener una intuición divina, la intuición es ese sentir en tu corazón, en tu mente de seguir un camino. A veces ese camino que vas a seguir te va a conducir a una destinación que no te va a hacer feliz, pero es algo que necesitas vivir, aprender para tu crecimiento personal y espiritual. La iluminación te ayuda a discernir cuál camino tomar y quedarte en él; cuando tú te sientes feliz y cómodo que estás haciendo realmente lo que has venido a hacer, te sientes en tu misión de vida. Eso solamente te lo da la intuición y la intuición la recibes de Dios. ¡Mi rayo de luz amarillo te da la intuición para que tú puedas llegar, quedarte, y terminar tu misión de vida en el plano terrenal y trascender con amor!

Arcángel Jofiel

ARCÁNGEL CHAMUEL

"Expresiones de Dios"

Todas las expresiones de Dios son amorosas como el don del Espíritu Santo. Si tú te has sentido inspirado, te has sentido feliz y has colapsado el tiempo, donde tú sientes que solamente existes tú, el universo y Dios, en ese momento que tu sientes que todo a tu alrededor desaparece y solamente quedas tú y la Divinidad, estás experimentando el don del Espíritu Santo. El don del Espíritu Santo es trabajar en ti para que subas tu vibración, lo mismo que hacen los Ángeles, elevar tu vibración de amor. El Espíritu Santo ya es en ti y cuando subes tu vibración, tú te inspiras, el Espíritu Santo se mueve y te gobierna. El Espíritu Santo te muestra en realidad lo que tú eres, estás siendo quién tú realmente eres: Santidad. ¡El don del Espíritu Santo es saber reconocer la Santidad en ti, saber que eres Santo y si reconoces tu Santidad, eres sano, completo y feliz!

Arcángel Chamuel

ARCÁNGEL GABRIEL

"Desapareciendo las sombras de mi camino"

¿Cómo te encuentras en este instante de tu vida?, ¿Te sientes desolado sin esperanza?, ¿Sientes que estás perdiendo a tu familia, a tu pareja, o tu trabajo?, ¿Sientes que las cosas nunca van bien?, ¿Hay desespero y tristeza?, ¿Hay desamor?, Yo soy el Ángel de la revelación, el mensajero del Cielo, vengo a decirte que, en los momentos de debilidad y miedo, recuerda que soy la fuerza de Dios que te sostiene, y cuando estás ante la Presencia de Dios todas las sombras desaparecen. En los momentos de oscuridad, en los momentos de crisis y en los momentos de caos, no puedes encontrar la salida porque estás ciego. Solamente la luz de Dios puede iluminar tu mente y tomar conciencia del camino que debes elegir. ¡Es un mensaje de sanación, de protección, de cuidado, un mensaje para deshacer los bloqueos y las sombras que nublan tu vida!

Arcángel Gabriel

ARCÁNGEL RAFAEL

"Cambio de manera de vivir"

¿Estás postrado porque las enfermedades no te dejan levantarte? ¿Tienes un problema médico o psicológico y viene una prueba, otra y otra? ¿Ya no encuentras salida? ¿Piensas que Dios se ha olvidado de ti porque no sanas? ¿Estás perdiendo la fe y la esperanza en la Divinidad? Yo te digo a ti, la sanación del Cielo está presente en tu vida todo el tiempo porque es en ti. Pero no puedes sanar si en realidad no tienes deseo de sanar. Para que puedas sanar necesitas querer tener esa sanación y no poner excusas ni pretextos para seguir con la percepción de dolor. Báñate con el verde esmeralda de sanación. ¡Soy la sanación del Cielo!

Arcángel Rafael

ARCÁNGEL URIEL

"Creatividad infinita"

En los momentos que te sientas creativo, recuerda que el Espíritu Santo está en ti, y si el Espíritu Santo está en ti, es el momento perfecto que tú tienes para crear armonía y bienestar. En esos momentos estás fluyendo con amor e inspiración, crea, multiplícate, extiéndete. No lo olvides, eres creación infinita de Dios. No tienes límites para crear, hay millones de posibilidades de dónde escoger. Solamente tienes que decidir qué quieres crear. ¿Quieres crear prosperidad en abundancia? ¿Quieres crear felicidad? ¿Quieres crear dolor? Tú creas todo lo que tú quieres crear. Presta atención a tus pensamientos, recuerda que como tú piensas sientes, y como sientes actúas. Así es que, ¡Crea cuando estés en el Espíritu Santo!

Arcángel Uriel

ARCÁNGEL ZADQUIEL

"Misericordia"

Es tiempo de reconocer que la misericordia es necesaria en tu vida, no solo en tu vida personal sino también en la espiritual. La misericordia es como el perdón, son actos de amor que se realizan para alcanzar la paz y la salvación. Ser misericordioso con los demás es importante, pero no tiene ningún mérito si tú sigues castigándote a ti mismo. Si no eres misericordioso contigo mismo, no sabes el significado del amor. Hoy por tu libre albedrío, escoge ser misericordioso contigo mismo, y esa misma compasión se extenderá a los demás. Mi luz te ayuda a transmutar todo tu sentimiento de autocastigo para que puedas perdonarte y perdonar. ¡La luz de la justicia de Dios viene hoy a ti, para que seas justo contigo mismo!

Arcángel Zadquiel

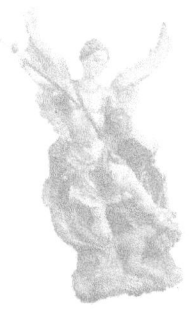

ARCÁNGEL MIGUEL

"El milagro de tu día"

Siempre estás pidiendo por un milagro de sanación, un milagro de amor u otro milagro. ¿Te has dado cuenta en realidad qué es un milagro? Hoy vengo a ti con amor y con fuerza de sanación para que puedas despejar tu mente y entender con claridad desde el amor lo que es o son los milagros. Es importante para entender los milagros, que te quites el velo de tus ojos o te quites esos pensamientos negativos que están dando vueltas en tu cabeza. Hoy es el día de los milagros, ayer fue el día de los milagros, mañana será el día de los milagros. Todos los días tienes la oportunidad de ver los milagros manifestarse, pero enfócate en el momento presente. Enfócate en el ahora, hoy puedes ver el milagro. ¡Hoy sigue viendo los milagros de amor manifestarse en tu vida!

Arcángel Miguel

ARCÁNGEL JOFIEL

"Despertar espiritual"

Eres como el agua cristalina de un manantial que brilla en transparencia y nutre el planeta tierra y a sus hijos. Tú también eres un manantial de amor que fluye constantemente creando y renovando corazones. Mi rayo de luz te ilumina y te acompaña con miles de Ángeles más para que tu despertar sea hoy. Atrás quedó el orgullo, la ira, los celos, la envidia, el rencor, el resentimiento y el miedo. Mi luz se une a la tuya para ser uno y brillar para siempre. ¡Soy la luz infinita de Dios!

Arcángel Jofiel

ARCÁNGEL CHAMUEL

"El Espíritu Santo en ti"

Si en este momento te sientes en desamparo, no sientes la conexión con Dios, sientes miedo, ansiedad, tristeza y desolación, has caído en lo más profundo de tu oscuridad, tal vez en el alcoholismo, las drogas o sientes desespero porque no tienes trabajo, no tienes pareja, te sientes incompleto. Un hijo de Dios no puede estar incompleto y el trabajo del Espíritu Santo es ayudarte a lograr la conexión contigo mismo. Mi luz rosa, la luz de todos los Ángeles y de tu Ángel de la guarda, te ayudarán a que tú puedas reconstruirte poco a poco. Así es que no olvides que cuando te sientas en desespero, pide ayuda al Espíritu Santo, a tu Ángel de la guarda, que eleven tu vibrar de amor y puedas conectar con tu luz y sanar todo ese dolor que estes padeciendo. El Espíritu Santo te alienta hoy con amor incondicional, misericordia, creatividad y poder. ¡No olvides, el Espíritu Santo está mediando siempre entre tu Santidad y el ego!

Arcángel Chamuel

ARCÁNGEL GABRIEL

"Encuentra tu misión de vida"

Tu misión de vida es hacer tu camino más fácil en tu aprendizaje terrenal, haciendo lo que tú más amas. Tú tienes mi amor incondicional, mi protección y ayuda, también tienes en tus manos rosas y lirios blancos que son para ti, como mi promesa que te estoy guiando. Cuando te encuentres con estas flores, recuerda que yo estoy contigo al igual que todo el mundo espiritual. Cuando hagas las cosas con todo tu amor, pronto te darás cuenta de que has encontrado tu misión de vida. Yo estaré ahí contigo para apoyarte y para celebrar tu triunfo. ¡Siempre te estoy guiando!

Arcángel Gabriel

ARCÁNGEL RAFAEL

"Bajo la mirada de Dios"

No hay nada que esté pasando en tu vida que Dios no lo sepa. Recuerda que antes que tú comiences a orar, a pedir sanación, tu Padre ya sabe lo que tú vas a pedir en oración, por eso tu Padre se ha adelantado y te ha mandado anticipadamente las respuestas a tus oraciones. Tú eres sano, tú eres completo, "tú eres". Solamente necesitas abrir tu mente y tu corazón para ver la sanación del Cielo, que tu Padre te ha dado desde el principio de los siglos y hasta el final de los tiempos. ¡Recuerda pues, que todo está bajo la mirada de Dios!

Arcángel Rafael

ARCÁNGEL URIEL

"Luz de sabiduría"

Mira pues hijo mío que hoy vengo en gloria, y cuando yo digo que vengo en gloria es porque traigo para ti "Luz". Hoy te envuelvo con mi luz de sabiduría infinita, cuando tú te envuelves en la luz de sabiduría recibes fuerza, valor y ánimo para sanar cualquier dolor o situación emocional o personal que estés padeciendo. Si en este momento te sientes que no estás fluyendo en la energía de la prosperidad, de la abundancia, siente ese flujo de energía de amor llegando a ti. Siente la prosperidad vibrando en tu ser. Recuerda que la prosperidad es sabiduría. Sabiduría para crear, pero no puedes sentirte sabio si en tu corazón no hay amor. Cuando hay amor en tu corazón eres sabio y esa sabiduría te permite crear. Crear bienestar en todos los aspectos de tu vida. Así es que, hoy báñate de la luz de sabiduría y amor para que puedas ser ese cocreador con Dios; quien es capaz de ejecutar poder creativo y ver manifestadas todas sus metas. ¡La manifestación del Cielo te acompaña!

Arcángel Uriel

ARCÁNGEL ZADQUIEL

"Transmutación"

Libera tu miedo y empieza a vivir una vida de abundancia donde nada ni nadie tiene el poder de hacerte daño. Mi rayo violeta ha cambiado tu sistema de pensamientos y te has dado cuenta de que nada puede afectar tu mente ni tu paz interior, porque eres un bendito hijo de Dios, quien es merecedor de todos los milagros divinos. Hoy eres creatividad en movimiento con la energía para crear un mundo con muchos amaneceres frescos de bienestar y belleza. Mi luz ha transformado tu vida en un milagro. Estoy ayudándote a hacer cambios positivos. ¡Sigo cuidando de ti para siempre!

Arcángel Zadquiel

ARCÁNGEL MIGUEL

"Lleno de la fuerza de Dios"

Nunca vas a escuchar a tu Padre hablar si tu mente está siempre nublada de pensamientos negativos o estás siempre pensando en lo que va a suceder mañana o en el próximo año. Necesitas concentrarte en el momento presente para entrar en ese contacto directo con el Padre. En el momento que tú empiezas a escuchar la voz de Dios te llenarás de fortaleza, sentirás que no hay nada que pueda apartarte porque estás lleno de la fuerza de Dios. La fuerza de Dios es todo, y te protege hasta de tus mismos pensamientos cuando estás en la mente del ego y no en la mente recta de Dios. ¡No olvides que siempre estás ante la presencia de Dios!

Arcángel Miguel

ARCÁNGEL JOFIEL

"Confía en la ayuda angelical"

La confianza es tu fuerza que te eleva en la vibración de amor, donde puedes conectar con la fuente infinita de luz. La confianza es tu bienestar, tu inspiración y la abundancia, porque cuando confías estás creando con la misma sabiduría y amor que tu Padre. Cuando confías sabes que lo tienes todo porque eres parte de la luz infinita. Cuando confías tú eres uno con mi luz y la fuente divina de Dios. Sigue confiando que mi luz está siempre brillando dentro de ti. ¡Yo soy la iluminación!

Arcángel Jofiel

ARCÁNGEL CHAMUEL

"Entregando la vida a Dios"

Entregar tu vida a Dios es cuando tú llegas y dices: "Señor, yo vengo a ti a entregarte mi vida". Estás diciéndole: "Padre, yo he entendido, yo he comprendido que no puedo por mí mismo, así es que vengo a ti, rindo mi problema, mi situación, mi enfermedad, para que tú puedas resolverlo". Ese momento de rendición es importante porque tú te has dado cuenta de que el ego no te está permitiendo ver más allá de tus ilusiones. Solo ves dolor, tristeza y desolación. Hoy entrega tu vida a Dios, tus problemas y tus enfermedades, y permite ser guiado con amor. Recordando que todo lo que es amoroso viene de la fuente, por lo tanto, tú eres amor y ese amor es incondicional. ¡Dios te ama y está aquí para ayudarte en toda situación que estés pasando en este momento!

Arcángel Chamuel

ARCÁNGEL GABRIEL

"Inspiración amorosa"

Respira profundamente y siéntete parte del universo de paz y amor que llevas dentro. La sanidad también la puedes encontrar con la inspiración, porque cuando te inspiras estás en paz y cuando vives en paz no hay nada que pueda perturbarte. La inspiración al igual que muchos otros talentos es parte de tus dones que hoy está siendo reactivada con mi luz blanca plateada. Hoy hay un renacer a la abundancia, a la sanidad y al bienestar absoluto en tu vida. ¡Estás bajo mi protección y amparo angelical!

Arcángel Gabriel

ARCÁNGEL RAFAEL

"La luz de Dios sana"

Te ayudo a restaurar tu espíritu dándote la fuerza y el anhelo de entrar en contacto con la Divinidad. El cuidado de tu cuerpo es muy importante, porque es el vehículo que tu espíritu usa en la tierra para poder experimentar diferentes enseñanzas y para llevar a cabo la misión encomendada. Siéntete en armonía con la luz verde esmeralda porque siempre está en ti purificando y sanando hasta la última célula de tu ser. Nunca pierdas la esperanza ni la fe porque Dios nunca te ha dejado. Su luz y amor infinito siempre está contigo ayudándote. ¡Permite que su sanidad se dé en ti, porque su luz es parte de ti!

Arcángel Rafael

ARCÁNGEL URIEL

"Apartando las barreras del ego"

Yo soy la luz de la sabiduría y traigo para ti conocimiento para que no caigas en los acechos del ego. Si sientes que estás sucumbiendo a los designios del ego, es el momento de entrar en acción y pedir ayuda a la Divinidad. Tú eres sabio, tú conoces el camino. Si tú entiendes y conoces el ego se te va a hacer más fácil, pero si tú no quieres entenderlo y lo dejas pasar desapercibido va a hacer de las suyas contigo. Te va a poner de cabeza o va a poner tu vida patas arriba. Es cosa de que tú lo permitas. Si tú tienes sabiduría de Dios, conciencia de Dios, ¡Cómo lo puedes permitir! Es lo mismo que pensar que una hormiga puede cargar a un elefante. Todo puede pasar si tú permites que las percepciones equivocadas del ego lleguen a ti y te bloqueen. Escucha la voz de Dios, escucha la verdad. ¡Eres un Santo hijo de Dios, los hijos de Dios son sabios!

Arcángel Uriel

ARCÁNGEL ZADQUIEL

"Disolución de recuerdos dolorosos"

Yo soy la justicia divina y vengo a transmutar tu sufrimiento disolviendo tus recuerdos de dolor y poniendo en tu mente pensamientos positivos. La alegría, la paz y la misericordia estarán contigo. Te sentirás libre para poder usar tus dones espirituales porque ya no hay dolor ni tristezas del pasado. Tus Ángeles de la guarda te llevarán de la mano a comenzar a vivir la felicidad del alma. Porque en realidad no existe otra alegría que no sea el regocijo del espíritu. La alegría terrenal solo es un reflejo de tus ilusiones, pero la alegría espiritual es para siempre y no tiene opuestos. ¡Soy la justicia divina y amorosa de Dios!

Arcángel Zadquiel

ARCÁNGEL MIGUEL

"Abriendo puertas"

Si a veces te sientes falto de fe porque has pedido un milagro y no has visto los resultados, hoy vengo a ti para decirte que hoy es el día de los milagros de fe y confianza. Presta atención, porque no puedes ver un milagro si no existe la fe. No puedes ver la respuesta a una oración si no tienes confianza. Necesitas tener fe y confianza que el milagro se va a dar, que la resolución a tu problema va a llegar, y que la sanación a tu enfermedad se va a recibir. Sin fe y sin confianza no vas a poder ver las respuestas a tus peticiones, no vas a poder ver las puertas abiertas. Cada vez que pides a Dios siempre te da lo que tú estás pidiendo, así es que cuida bien lo que pides, y ten fe y confianza que lo vas a recibir tal como tú lo has pedido que sea en tu mayor beneficio. Dios siempre te da lo que tú deseas tener. ¡Dios es tu fortaleza a tu llamada de auxilio!

Arcángel Miguel

ARCÁNGEL JOFIEL

"Sabiduría divina"

Mi luz te engrandece en verdad porque te lleva a conocer lo profundo de tu ser y a recordar tu propósito y la sabiduría acumulada en ti durante toda tu existencia. La verdadera sabiduría deja de lado la dualidad para ir a lo recto y sublime, al desapego del ego y quedarse con la luz de Dios, te ves como lo que eres y llevas luz también a los demás. Te dejas envolver por el amor y amas incondicionalmente. No juzgas los errores de los demás porque sabes que tu hermano no ha visto la luz y te encargas de que también sea iluminado. No hay sabiduría si no se ha conocido el amor. ¡Soy la luz de la sabiduría divina de Dios!

Arcángel Jofiel

ARCÁNGEL CHAMUEL

"Trabajando el amor propio"

Cuando tú te encuentres con tu luz, te darás cuenta de que todo está en ti, que todo irradia en ti, que todo parte de ti, y que todo termina en ti. En ese momento sentirás amor por ti mismo y al mismo tiempo verás el amor de los demás hacia ti y podrás brindar ayuda amorosa y desinteresada a los demás. Podrás brindar amor puro e incondicional a tu hermano. Cuando tú no tienes amor propio no puedes amar incondicionalmente porque no te estás amando a ti mismo y lo que estás haciendo es algo frustrante, algo forzado porque estás dando algo que tú no sientes y lo das con dolor, con tristeza. Así es que cuando tú te encuentres con tu verdadero ser, podrás amar incondicionalmente. ¡Soy la luz amorosa de Dios!

Arcángel Chamuel

ARCÁNGEL GABRIEL

"Anunciación de cambios"

Soy la revelación que viene a tú vida a anunciarte cambios, esos cambios que tú te sientes renuente a hacer porque ya te acostumbraste a estar en el sufrimiento. Estás contactando con el embajador de Dios, mi poderosa luz te ayudará a ser capaz de dar el salto al cambio total. Estoy aquí para ayudarte a cambiar tu vida de desconcierto y que llegues a la plenitud. Tus dones están esperando por ti para que los uses con valentía, arrojo y amor. Te ayudaré a brillar haciendo lo que tú más amas hacer. Cierra tus ojos y siente en tu respirar el cambio, es bienestar, abundancia y prosperidad. ¡Soy la verdad, la fuerza y la revelación, y estoy a tu lado ayudándote a encontrar tu camino!

Arcángel Gabriel

ARCÁNGEL RAFAEL

"Equilibrio mental"

Los milagros de sanidad son como el aire fresco que respiras, que te nutre y te mantiene con vida corpórea. Mira en tus adentros y encuentra la luz verde esmeralda en ti. Busca tú la naturaleza con la que Dios te creó y verás que eres equilibrio, balance, sanidad y perfección. Tu valía es más alta que cualquier piedra preciosa porque eres una joya de la Divinidad. Recuerda, hoy eres sano, y así todos los días vive tu sanidad en el momento presente, porque Dios nunca cambia. La sanidad te acompaña con el color verde esmeralda. ¡Soy la medicina de Dios!

Arcángel Rafael

ARCÁNGEL URIEL

"Crecimiento y expansión"

Hoy el espíritu de la creatividad divina se mueve en ti. Cuando el espíritu de la creatividad divina se mueve en ti es sabiduría. Cuando hay sabiduría en ti, hay crecimiento, hay expansión. No olvides nunca que eres creatividad, sabiduría y abundancia, no tengas miedo a crear y extenderte. La luz del rayo rubí ilumina tu sendero. Cuando sientes que el rayo de luz de la sabiduría de Dios te ilumina, tú puedes resolver tus propios problemas, y cuando tú eres capaz de resolver tus problemas, puedes ver más allá de tus ilusiones e ir y encontrarte contigo mismo y poder crear. Tú eres creatividad en movimiento. Puedes crear y multiplicar y extender, cuando actúas desde el amor la creatividad se manifiesta y la puedes ver reflejada en tu vida. Así es que no tengas miedo de ser creativo y crea, crea prosperidad en abundancia. Crea, porque eres cocreador con el Padre. ¡La iluminación del Cielo te acompaña hoy y siempre!

Arcángel Uriel

ARCÁNGEL ZADQUIEL

"Transmutación del karma"

Mi luz violeta te pondrá hoy en sintonía con el amor, la compasión y el perdón. Te sentirás inspirado a hacer el bien. Te perdonarás a ti mismo y a los demás y vivirás en la gracia de Dios. Mi amor y la luz de la transmutación estarán sanando y purificando cada uno de tus sufrimientos. Abre tu corazón a recibir la llama del rayo violeta que deshace y cambia todo lo negativo por positivo. Cuando decides transmutar el dolor, yo estoy presto con la luz violeta para socorrerte. Recuerda que el karma es acumulamiento de dolor, que llevas cargando sobre tus hombros por generaciones en diferentes existencias de tus vidas. ¡Es tiempo de sanar y de permitirte vivir en tu estado de gracia al lado de tu Padre!

Arcángel Zadquiel

ARCÁNGEL MIGUEL

"Protección infinita"

Todas las energías de miedo, incluyendo tus pensamientos negativos, son deshechas y convertidas en amor. El amor de tu Padre sostiene el universo en armonía, para que tú puedas descansar tranquilamente, mientras que millares de Ángeles y Arcángeles te protegen. Siente la paz y tranquilidad de la que todos son merecedores. Abre tu corazón al amor y acepta con voluntad la ayuda de tu Padre, para que puedas beneficiarte de la protección tú y toda tu casa. El amanecer está en ti y mi luz azul violeta te está protegiendo, para que llegues al final de tu misión de vida. ¡Soy la representación de la fuerza amorosa e infinita de Dios!

Arcángel Miguel

ARCÁNGEL JOFIEL

"Aprendiendo a escuchar y a confiar en la Divinidad"

Mi luz te ayuda a limpiar tus pensamientos de desamor y a fluir libre como el viento, para que dentro de tu paz puedas escuchar la voz de Dios. Pero más que todo, te estoy ayudando a confiar, a confiar plenamente que tus oraciones son escuchadas y contestadas por nuestra fuente infinita de amor. Te estoy mandando Ángeles extras a cuidar de ti y de los tuyos para que no desmayes en tu caminar. Cuando te sientas triste y sin fuerzas recuerda que estoy contigo, con todos mis Ángeles para socorrerte. ¡Mi luz está contigo!

Arcángel Jofiel

ARCÁNGEL CHAMUEL

"Caminando al encuentro de Dios"

Tus relaciones familiares y de amistad fluyen y se fortalecen porque has encontrado a Dios en ti. Yo soy la energía de Dios que se manifiesta en tu corazón cuando tú decides encontrarte. El universo de Dios y sus Ángeles se abre para brindarte seguridad, cuidado y apoyo en tu vida terrenal y espiritual, para que sigas el camino del amor. Hoy bendigo tu caminar, bendigo tus plegarias, bendigo a tus hijos y familiares, porque tú te has bendecido a ti mismo con el amor. Hoy eres bendito como lo fuiste ayer y para siempre. El amor de Dios es tu bendición. ¡Yo soy el amor de Dios!

Arcángel Chamuel

ARCÁNGEL GABRIEL

"Toma acción"

No hay nada que pueda detenerte, solo tu misma indecisión provocada por el miedo. Tus hijos, tu esposo, esposa, tus padres, tus hermanos y todos los miembros de tu familia están también puestos en acción para que juntos puedan lograr sus propósitos. Mis Ángeles están cuidando especialmente de los niños para que sean felices con sus padres. Todo el universo espiritual está cooperando para que puedan moverse con la energía inspiradora en la dirección correcta, y ver y disfrutar de las bendiciones. ¡Hoy como siempre tú y tus seres queridos son bendecidos y protegidos por mi amor y luz infinita!

Arcángel Gabriel

ARCÁNGEL RAFAEL

"Curación espiritual"

Todo y todos están siendo cuidados hasta en los momentos cuando tú te sientes abandonado por el poder infinito de Dios. Nunca te olvidamos, solo estamos a la distancia de un pensamiento de amor por auxilio. No dejes que el miedo aparte tus pensamientos amorosos de tu mente. Tu consagración espiritual a la Santidad es tu sanación. Mira la Santidad en ti y podrás sanar todas tus dolencias. Te estoy ayudando a que te enfoques en tu sanidad física, mental y espiritual, para que te restablezcas completamente y goces la plenitud que te corresponde vivir. ¡Hoy tu consagración espiritual es con Dios, que es la luz sanadora!

Arcángel Rafael

ARCÁNGEL URIEL

"Liberación de bloqueos"

La liberación de tus bloqueos llega a ti en santa paz, hoy vas a deshacer los bloqueos en paz perfecta porque lo vas a hacer de una manera amorosa, lo vas a hacer de una manera segura. Vas a tomar un rol activo, ese rol activo es mental, recibiendo la luz, recibiendo la sabiduría de Dios en ti o más bien aceptando la sabiduría de Dios, porque ya eres sabio. En el momento que tú decides romper con todas las cadenas, ese es el momento creativo, ese es el momento de inspiración, ese es el momento de goce porque te puedes inspirar y romper con todos los bloqueos y todas las ataduras que no te permiten continuar con tu vida. ¡No lo olvides, mi luz te acompaña, es la sabiduría de Dios!

Arcángel Uriel

ARCÁNGEL ZADQUIEL

"Recordación del libre albedrío"

Mi luz que es energía pura transformará lo físico en divino y tu dolor en amor para que puedas conectar con tu verdadero ser. El libre albedrío es el reconocimiento que fuiste creado a la imagen y semejanza de Dios, que piensas con la mente de Dios cuando no permites que la voz del ego te aterrorice pensando que no eres merecedor del amor de tu Padre. El libre albedrío te da el poder de decidir cómo quieres vivir tu vida. Tienes la decisión de sanar todo dolor y ser feliz. Tienes el poder para transmutar todo lo negativo y transformarlo en positivo. ¡Eres parte de la luz divina de Dios!

Arcángel Zadquiel

ARCÁNGEL MIGUEL

"La fuerza del amor"

Soy el Ángel de luz y amor. Mi fuerza para deshacer el miedo y limpiar energías negativas viene de la única fuente que es el amor. Yo estoy contigo siempre, en momentos de quietud te ayudo a tomar decisiones importantes en tu vida. Mi espada es la luz de Dios que es movida por su fuerza infinita. Todas mis batallas las gano con amor, soy espíritu y fuerza amorosa de Dios que te envuelve en un velo de luz azul. Soy el amor convertido en fuerza para pelear tus batallas en contra de la oscuridad, que son tus miedos. ¡Yo soy la luz infinita del universo!

Arcángel Miguel

ARCÁNGEL JOFIEL

"Día de liberación"

Levanta tu mirada al Cielo y ve el rayo de luz amarilla que te estoy enviando en este instante. Hoy mi luz sanadora se está extendiendo por todo el mundo. Hoy permite la liberación de tus miedos, tus culpas y todo lo que no te hace feliz. Recuerda que la luz del rayo amarillo es purificación, es liberación, es limpieza. Escoge este día, el momento presente para que hagas liberación, para que te restablezcas y puedas sanar toda aflicción que viene de tus pensamientos de desamor del pasado. Perdona y perdónate. Recibe la luz del rayo amarillo y permite que fluya en todo tu ser y se extienda por cada rincón de tu hogar. ¡Fluye con luz del amor puro e incondicional de tu Padre!

Arcángel Jofiel

ARCÁNGEL CHAMUEL

"Sanación energética angelical"

Cuando en tu mente hay pensamientos positivos se conecta al corazón y se produce una vibración alta de amor, estas vibraciones son lanzadas al universo formando ondas de vibración amorosa que se expanden y son regresadas a ti, a los demás, y a todo lo que tiene vida. Solo el amor puede sanar y tú eres un sanador porque eres amor. Tú puedes sanarte a ti mismo y enseñar a sanar a los demás. La sanación está en ti, mis Ángeles te están ayudando a vibrar en la energía universal que es el amor. ¡Tú eres sanación porque eres un santo hijo de Dios!

Arcángel Chamuel

ARCÁNGEL GABRIEL

"Entiende tu misión de vida"

Tu viaje a este plano terrenal tiene un propósito, y si no estás cumplido ese propósito, tu infelicidad es el reproche de tu alma diciéndote que hay que hacer cambios. Si estás caminando por la senda equivocada, tu propósito de vida necesita ser definido. Mi mensaje amoroso de bienaventuranza deposita en tus manos los lirios blancos y el agua sagrada de la salvación, para que puedas sincronizar tus emociones y despertar el ser sabio y creativo que hay en ti. Mi voz es de alerta, así como mis mensajes, porque es el momento de trabajar en tu misión de vida. ¡Mi luz te está guiando en la dirección correcta, pero eres tú quien tiene que tomar la decisión final y ponerte en movimiento creativo para tu despertar!

Arcángel Gabriel

ARCÁNGEL RAFAEL

"Equilibrio emocional"

El equilibrio mental es la visualización de la vida y no de la muerte, de la sanidad y no de la enfermedad. Tu sanidad emocional es la percepción clara y precisa que te permite ver más allá de lo material y te enfoca en lo espiritual. Puedes visualizar la fuente de la curación, el amor incondicional y la plenitud del hijo de Dios. Hoy que la luz de la sanación ha llegado a ti, levanta tu vuelo como las águilas y desde lo más alto contempla tu grandeza y la grandeza de tus hermanos. ¡La sanación de Dios está brillando hoy en ti!

Arcángel Rafael

ARCÁNGEL URIEL

"El fuego de Dios"

Soy el fuego de Dios, la fuerza del espíritu en ti y en todo el mundo. Hoy vengo a ti a ayudarte a recibir el empoderamiento para que tú sientas el fluir del amor, la abundancia en bienestar, la sabiduría. Si hay un pensamiento de desamor en tu vida en este instante, yo te invito a fluir. Te invito a fluir en la luz del rayo rubí, es la iluminación, es la sabiduría de Dios llegando a ti para que tú puedas empoderarte. Deja todas tus inseguridades acerca de tu potencial. Deja tu fuerza creativa fluir en tu interior. ¡Deja pues tus pensamientos de carencia, de pobreza y enfócate en la riqueza espiritual y personal que es en ti!

Arcángel Uriel

ARCÁNGEL ZADQUIEL

"Dones espirituales"

Cuando tú te has reconocido a ti mismo y a tus hermanos como uno con Dios, también comienzas a sanar todas las experiencias y recuerdos dolorosos del pasado de esta y de otras vidas. Tus dones se van extendiendo porque tú estás extendiendo tu amor. A medida que ayudas a otros a sanar a través del amor de Dios, tú también renaces y floreces a la alegría y la tolerancia. Todos tus pensamientos y sentimientos negativos que te hacen sentir derrotado son eliminados y transmutados. La impotencia y desesperanza son convertidos en inspiración y amorosos deseos de ser feliz y amar incondicionalmente. ¡Mis dones son la fuerza de la transmutación del fuego de Dios!

Arcángel Zadquiel

ARCÁNGEL MIGUEL

"Liberación de los apegos materiales"

Si tu mente dual no te permite ver la luz y fuerza en ti por tus pensamientos negativos, escúdate en mí y estaré protegiéndote de tus pesadillas. El universo espiritual te está sosteniendo con toda su fuerza y amor para que nada ni nadie pueda perturbar tu paz. Mi fuerza infinita te está guiando al camino de la paz y la justicia, donde tú vas a poder liberarte de la carga del sentimiento de apego al mundo dual o material. ¡Cuando te alejes un poco del mundo material, te verás brillando con gran luz y podrás encontrar el equilibrio y la fuerza para vencer toda energía que no sea amorosa, y podrás vivir en la gracia de Dios!

Arcángel Miguel

ARCÁNGEL JOFIEL

"Toda duda es eliminada con la luz"

La iluminación del rayo dorado te ayuda a ilustrar tu mente con sabiduría divina. Mi luz te ayuda a ir más allá de tus miedos que te están haciendo dudar de quien tú eres como hijo de Dios. Si tú tienes la voluntad de levantar el velo de ignorancia que te has puesto sobre tus ojos, vas a poder ver claramente lo que mi luz dorada está haciendo brillar. Soy la luz dorada de Dios que embellece tu mente y todos tus entornos con sabiduría divina, que elimina todas tus dudas. ¡Permite que mi luz brille en ti!

Arcángel Jofiel

ARCÁNGEL CHAMUEL

"Paz universal"

Soy el que busca la paz universal, y si tú estás en la misma búsqueda es porque te estoy inspirando a llegar a ella. Muchas de las veces que buscas algo sin éxito es porque no buscas en el lugar correcto. La paz universal depende solo de ti. El primer paso para encontrarla es ir a tu corazón. Si vas adentro de tu corazón y sientes la quietud y amor, te encontrarás con la paz. Cuando encuentras la paz en ti necesitas extenderla a los demás. La única manera de extender la paz es con amor. Yo que represento el amor de Dios te guío en tu misión de ser portador de la paz. La paz universal se logrará cuando todos tus hermanos estén vibrando en la misma dimensión de amor. En ese momento la paz universal se ha logrado. ¡Mi luz amorosa te guía en tu búsqueda!

Arcángel Chamuel

ARCÁNGEL GABRIEL

"Ideas creativas para producir cambios"

Mi energía inspiradora te reconforta en el momento que tú pides mi ayuda. Solamente cierra tus ojos para invocar mi nombre y la inspiración llegará a ti. Te estoy inspirando y abriendo todos tus canales creativos para mantener la energía de la motivación y ponerte en movimiento. Hoy serás mejor padre o madre, hermano o hermana, hijo o hija, hoy serás tú mejor amigo o amiga y bendecirás a tu enemigo. Hoy serás agradecido, amoroso, paciente y sincero. Hoy eres sabio porque estás siendo inspirado con ideas creativas. ¡La energía de la motivación y cambio está fluyendo hoy en ti!

Arcángel Gabriel

ARCÁNGEL RAFAEL

"Sanidad del Cielo"

La sanidad es mi especialidad y yo te enseño cómo beneficiarte de la luz infinita de Dios. A medida que aprendas a perdonar y amar incondicionalmente, empezarás a tener confianza plena en Dios y verás la esperanza, el renacer y el restablecimiento de tu salud física, mental y espiritual. Respira mi luz verde esmeralda y siente como se expande por todo tu cuerpo impregnando cada célula para la sanación. Mi luz, es la luz de Dios que sana. Hoy y siempre la luz de Dios está contigo sanando todas tus dolencias. Tus enfermedades son solo una percepción equivocada de tu mente porque te sientes separado de tu Padre. ¡Dios sana tu mente!

Arcángel Rafael

ARCÁNGEL URIEL

"Quietud mental"

Hoy encuentra el verdadero ser que eres y pon en paz tu vida. Si logras quietud mental vas a poder escuchar con claridad mi voz que te está siempre hablando y aconsejado, pero tú no me escuchas porque estás muy ocupado peleándote contigo mismo por cosas que no tienen ningún sentido. El propósito de la quietud mental es llegar a la paz y poder escuchar la voz de Dios, tu Creador. Cuando esto suceda vas a ser guiado y acompañado por tus Ángeles, porque tu mente ya en paz y en el silencio divino podrá tener la conexión y comunión con Dios. ¡Mi rayo de luz te esta iluminando e inspirando a buscar la quietud mental!

Arcángel Uriel

ARCÁNGEL ZADQUIEL

"Liberando cadenas"

Nunca vas a poder ser feliz si sigues viviendo encadenado al dolor del resentimiento. La única manera de liberar estas cadenas es a través del perdón. Perdónate por no poder perdonar esa situación o persona que tú sientes que te está causando este sufrimiento. Recuerda que el perdón no significa seguir siendo víctima de una persona o situación, por lo contrario, significa liberación. Te estoy ayudando a transmutar todo pensamiento negativo o de desamor que te está impidiendo el perdón. Cuando sientas que no puedes más con tu resentimiento llámame, y mis Ángeles y yo estaremos cortando todas esas cadenas de dolor con mi llama violenta de la transformación. ¡Soy la transmutación y la misericordia que te regresa al amor!

Arcángel Zadquiel

ARCÁNGEL MIGUEL

"Sanando el pasado de dolor"

Hoy con toda tu voluntad suelta y libera esos pensamientos de dolor del pasado y permite que mi espada corte todo lazo etéreo conectado con el pasado que te esté haciendo sufrir. Mi amor, mi fuerza y mi luz, están ayudándote a soltar y a liberar, pero tienes que ser honesto con tus deseos porque eres tú quien va a hacer los cambios. Yo te he dado mi luz para que puedas deshacerte de todas esas energías de tus pensamientos de miedo. Tienes mi protección y ayuda infinita e incondicional para sanar completamente tu pasado de dolor. ¡Mi luz te hace fuerte!

Arcángel Miguel

ARCÁNGEL JOFIEL

"El poder de la luz interior"

Mantener pensamientos puros, compasivos, amorosos y bellos, es la llave para llegar al estado de gracia donde eres consciente de quién eres y lo vives y disfrutas en plenitud. En el estado de gracia mantienes una comunión espiritual donde puedes escuchar la voz más dulce y amorosa recordándote la grandeza y pureza de tu alma y cuál es tu misión en el plano terrenal. La luz de mi espada te mantiene consciente y fluyendo en el amor incondicional. Hoy tu luz interior te ayuda a que puedas manifestar transparencia de tu felicidad, alegría y plenitud espiritual. ¡Hoy puedes ver toda la belleza reflejada en ti y en el mundo que te rodea!

Arcángel Jofiel

ARCÁNGEL CHAMUEL

"Tiempo de meditar"

Una nube de luz rosa envuelve todo tu ser y te eleva a las más altas dimensiones de amor. Estás volando y vibrando en energía angélica. Puedes sentir los cuidados de tus Ángeles a tu alrededor que te muestran la belleza de lo que es tu hogar. Eres totalmente feliz y estás viviendo una experiencia angelical en tu espíritu. Después de disfrutar de lo divino regresas a la dimensión física, donde tus Ángeles te acompañan y te entregan la paz y serenidad que estabas buscado. Puedes conservar esta paz y ser feliz todos los días a través de la meditación, porque Dios está en ti. ¡La meditación es la conexión contigo mismo y con Dios!

Arcángel Chamuel

ARCÁNGEL GABRIEL

"Comunión y oración para alcanzar la gracia"

Hoy te traigo la fe, la dedicación y la confianza, para que comiences tu comunión y oración. Es tiempo de alcanzar la gloria sagrada de Dios para vivir en la gracia. Es tiempo de olvidar la culpa y de verte a ti mismo en la profundidad de tu alma. Cuántos errores has cometido y sigues aferrado a ellos. Es tiempo de cambio, es tiempo de reflexión y comunión, es tiempo de oración. Solo la comunión con Dios puede ayudarte. Los Ángeles de la paz y la revelación están presentes. La protección y salvación dependen de ti. Toma la decisión de sanarte, tu sanación es la salvación de tu hermano y la salvación del mundo. ¡Solo el amor puede hacer el cambio a través de la comunión y la oración!

Arcángel Gabriel

ARCÁNGEL RAFAEL

"Sanación del Cielo"

No importa el proceso de aprendizaje de dolor o angustia que estés viviendo en estos momentos, lo único que necesitas hacer es confiar en la sanación divina de Dios. Si tienes un problema con tu trabajo, con tus estudios, problemas familiares, problemas económicos, o problemas de pareja, el rayo de luz verde purifica y sana todo lo que no esté vibrando en energía amorosa. En el momento que tú pides la sanación del Cielo y la aceptas en tu corazón, eres libre de la opresión de la enfermedad y problemas. Tú eres parte de la sanación porque puedes sanar tú mismo y puedes ayudar a sanar a tu hermano. ¡Acepta la ayuda del Cielo y abre tu corazón para que pueda entrar la sanación celestial en tu vida!

Arcángel Rafael

ARCÁNGEL URIEL

"El fuego de la verdad"

Soy el rayo de fuego de la verdad absoluta. El fuego de la verdad eleva tu espíritu para que puedas entrar en las dimensiones divinas, donde de mi mano eres acompañado a las bibliotecas sagradas. Lo único que necesitas es tu voluntad para nutrirte de la sabiduría espiritual, y enriquecerte y ayudar a enriquecer a los demás, siempre con el pensamiento de amor en tu mente que dar es igual que recibir. Mi luz es el fuego de la verdad que te guía en el camino para alcanzar tus metas espirituales y personales. ¡Soy quien ilumina tus pensamientos!

Arcángel Uriel

ARCÁNGEL ZADQUIEL

"La visión del Padre"

Tú sabes que muchas veces has escogido la visión del ego y no la visión del Espíritu Santo o la visión de Dios, la Divinidad. Cuando eliges la visión del ego te encuentras en el dolor, en el odio, en el sufrimiento, en la tristeza, en el desespero y todo lo que tenga que ver con el desamor, pero cuando tú tomas la decisión de elegir la visión de Dios que es perdón; entonces tú te sientes tranquilo, te sientes sereno, te sientes en paz porque has tomado la decisión correcta. Esto significa que estás caminando en el camino del Señor o estás en la mente recta de Dios, estás actuando desde el amor, no desde el ego. ¡Siempre habrá dificultades para poder lidiar con el ego, pero si tú realmente quieres tomar una decisión acertada, vas a tomar la decisión desde el amor que es Dios y podrás sanar tus padecimientos!

Arcángel Zadquiel

ARCÁNGEL MIGUEL

"Protección y renovación"

Si estás sintiendo que estás perdiendo tu fe y tus fuerzas, descansa en mis alas para que recuperes tus energías y puedas renovarte y volver a empezar. No te sientas mal por los errores que crees que has cometido, solo son experiencias que te ayudarán para que nazca la reconstrucción. Toda renovación necesita de destrucción de lo que ya no está funcionando. Si un trabajo no te está dando felicidad y te causa ansiedad y estrés, es tiempo de cambio. Si hay relaciones tóxicas que te están lastimando, hay la necesidad de destruirlas o deshacerlas para dar entrada al renacimiento. ¡No tengas miedo de continuar en tu camino, yo te estoy ayudando a liberar tus batallas y a estar en victoria!

Arcángel Miguel

ARCÁNGEL JOFIEL

"Sanación emocional a través de la sabiduría divina"

Abre tus alas y empieza el vuelo a la sanación emocional. Si estás recibiendo sabiduría divina a través de la iluminación angelical es porque es tiempo de hacer cambios. La sanación emocional es todo lo que necesitas porque cuando tu mente sana, toda tu existencia entra en contacto con la plenitud porque ha reconocido la Divinidad y la abundancia. Mi energía entra en contacto hoy con la tuya para que recibas la iluminación y fluyas en felicidad y armonía. Envuelto en mi luz, en este momento estás listo para realizar tus funciones en tu vida. Has sanado emocionalmente con la sabiduría divina ya que la iluminación ha llegado a tu mente. ¡Hoy puedes ver la luz de Dios en ti!

Arcángel Jofiel

ARCÁNGEL CHAMUEL

"Tiempo de sonreír"

Soy la fuerza del amor de Dios y vengo a pedirte que es tiempo de sonreír al mundo con amor y alegría. Mi espíritu de luz amorosa es uno contigo y el "Todo". Siempre estoy cuidando de ti y ayudándote a buscar todo lo que sientes que has perdido, pero en realidad no has perdido nada porque lo tienes todo. Yo soy la llave que abre puertas y también la fuerza que te sostiene unido a la Divinidad, tu verdadero "Ser". Cuando te sientes cansado, te llevo cargando sobre mis alas. Cuando no encuentras refugio y calma a tu dolor, en momentos de angustia y ansiedad, te cubro con mi luz rosa. Mi luz rosa te acompaña, te cuida y te guía. ¡Soy el amor de tu Padre!

Arcángel Chamuel

ARCÁNGEL GABRIEL

"Mensajes amorosos"

Levanta tu corazón a los altares celestiales para que puedas ver las ofrendas. Son miles de regalos que estás recibiendo, son sonrisas y palabras de amor que tu Padre te está ofreciendo en este momento. Yo soy el Ángel de la revelación y vengo a decirte que tu Padre siempre traerá un mensaje de amor y esperanza, un mensaje que te llenará el corazón de alegría. Si tú escuchas un mensaje que no es amoroso, estás escuchando tu ego, no estás escuchando la voz del Cielo. Pero hoy escucha pues todas las palabras de amor. Son palabras de aliento para que tú sigas yendo por el camino correcto, el camino que debes caminar. Tú sabrás cuándo tú lo empiezas y cuándo tú lo terminas, esa es tu decisión. ¡Soy el Ángel mensajero de Dios!

Arcángel Gabriel

ARCÁNGEL RAFAEL

"Protección y sanación"

Si has pedido por un milagro en este día, yo quiero decirte que ese milagro ha llegado a ti multiplicado. Hoy estás recibiendo respuestas de sanación y de protección. Si estás planeando hacer un viaje, ese viaje será cuidado por la Divinidad, porque yo la luz verde esmeralda, te acompañaré y guiaré en todo el camino. Si tienes un problema de salud física, mental o espiritual, también te ayudaré a sanar. Todo camino que tú estés caminando yo guiaré cada uno de tus pasos. Te guiaré en tu sanación, en tu restablecimiento. El propósito que tengo para ti es protección y sanación. Es guiarte en todo instante y acompañarte en tus momentos de dolor para que no sufras más en tus aprendizajes. Mira hacia el frente porque el camino a la sanación está despejado y yo estoy delante de ti para cuidarte. ¡Soy la luz verde esmeralda de sanación!

Arcángel Rafael

ARCÁNGEL URIEL

"Organización mental"

Hoy vengo a ti con amor para ayudarte a poner en orden tu mente para que puedas cumplir tus metas que te has propuesto. Te estoy ayudando a que logres todo lo que te propongas hacer en tu casa, en tu trabajo y en todo lo que quieras obtener. Permite que en tu mente fluya la sabiduría universal de tu Padre y crecerá en ti el deseo creativo. La sabiduría del Cielo brilla en ti, es una fuente inagotable de posibilidades de donde puedes escoger. No tengas miedo de ordenar tus pensamientos y alcanzar tus propósitos. La sabiduría infinita de Dios te acompaña para que pongas en claro tus ideas y elimines los pensamientos del ego que están bloqueando tu crecimiento personal y espiritual. ¡Soy la sabiduría de Dios que te guía!

Arcángel Uriel

ARCÁNGEL ZADQUIEL

"Manifestaciones del Cielo"

Es tiempo que entres en contacto con tu Santidad y te permitas escuchar la voz del Cielo. Dios te está hablando a través de diferentes canales. Solamente necesitas prestar atención a tus sentidos psíquicos. Tus sueños son una fuente de información espiritual muy importante que te ayudará a recordar quién eres. Toda manifestación divina tiene el propósito de ayudarte a crecer, perdonar y sanar. Confía en la fuente infinita de Dios para transmutar o cambiar toda duda que hayas alimentado en tu mente. La luz de la llama violeta siempre está presente para ayudarte a recibir la verdadera visión del Cielo que te ayudará a hacer los cambios que estás necesitando porque aparta de ti el ego. ¡Soy la luz de la transmutación de Dios!

Arcángel Zadquiel

ARCÁNGEL MIGUEL

"Cree en ti mismo"

Si ya has comprendido que eres un "Ser de luz", también te has dado cuenta de que nunca estás solo en ese mundo de formas que te has inventado. La Presencia de la fuerza infinita de tu Hacedor te acompaña, te guía y te protege. Comprenderlo puede ser fácil para tu mente, pero creerlo se te puede hacer más difícil porque el ego te va a decir que no tienes valía, que solamente eres un cuerpo perecedero. Hoy permite verte como el "Ser de luz" perfecto, solamente necesitas creerlo y serás invencible. Serás invencible porque creerás realmente en lo que eres, ya no te sentirás fragmentado. Sentirás el poder de la luz infinita de tu Padre que está siempre a tu lado ayudándote a vencer los obstáculos y a alcanzar el éxito. ¡Soy la fuerza infinita de Dios!

Arcángel Miguel

ARCÁNGEL JOFIEL

"La belleza de Dios en ti"

Es tiempo de ver tu luz, es tiempo que veas la belleza y la grandeza que hay en ti. Mi rayo de luz hoy está iluminando tu mente para que en realidad veas la belleza y sabiduría que hay en ti. Esta belleza y sabiduría te pertenece como a todo hijo de Dios. Si a veces has dudado que tienes sabiduría y belleza de Dios en ti es debido a la dualidad. Es tiempo de rectificar y no tomarlo a la ligera porque es una realidad. La belleza de Dios está brillando en ti desde el día en que fuiste creado. Cuando veas la belleza de un jardín de flores y sientas admiración por tanta belleza, te preguntarás: ¿Cómo es posible que tanta belleza pueda ser manifestada en estas flores? Tú también como esas flores eres creación infinita del Padre, de Dios, la Divinidad, y tienes más que belleza, sabiduría. ¡No lo olvides, tú eres belleza y sabiduría de Dios!

Arcángel Jofiel

ARCÁNGEL CHAMUEL

"Los altares celestiales"

Hoy te invito a visitar los altares celestiales. Hoy te acompaño a vivir desde el amor. Te acompaño a que veas la calma y la paz reflejada en tu ser. Eres un ser maravilloso que puede amar incondicionalmente. Abre tu corazón, ama y déjate amar. Conoce lo maravilloso que eres, un ser lleno de luz y amor. Medita en tu Santidad un instante y respira profundamente, llega dentro de tu corazón y más profundo, a tu alma. Permítete la elevación a los altares celestiales a dónde perteneces. Tú eres un ser infinito dotado de muchos dones. Ya no busques en el lugar equivocado. Busca dentro de ti y te encontrarás con los altares, la gracia infinita de Dios. Todo ha sido creado para ti y para tus hermanos, ¡Soy el rayo de la luz rosa, el amor de Dios!

Arcángel Chamuel

ARCÁNGEL GABRIEL

"Elevación espiritual"

Mi rayo de luz blanco te ayuda a hacer cambios, a modificar tu vida personal y espiritual. Puedes comenzar una carrera profesional, comprar una casa, estudiar, llegar al matrimonio, o empezar una nueva relación, pero sobre todo te ayuda a crecer y a desarrollarte espiritualmente ayudándote a ti mismo y a los demás. Mis cuidados son permanentes y nunca fallan porque son expresión de amor infinito de Dios. La elevación espiritual es tu inspiración y tu inspiración es tu elevación. ¡Mantente siempre inspirado y estarás vibrando en el amor y conciencia de Dios!

Arcángel Gabriel

ARCÁNGEL RAFAEL

"Aceptar la sanidad"

Yo soy la luz de Dios que sana no solo tu cuerpo, sino también tu mente. Te ayudo a mantener un equilibrio completo de tu mente, cuerpo y espíritu, para que estés vibrando en armonía con el universo. Es necesario que uses parte de tu tiempo para estar más en contacto con el mar, la tierra, las plantas y los animales. La naturaleza es un refrigerio para tu ser. Tu espíritu y tu cuerpo necesitan esos momentos de tranquilidad y de felicidad donde tú puedas conectarte contigo mismo y encontrarte. Si no te estás sintiendo bien física o emocionalmente, mi luz te guiará al lugar o a la situación perfecta donde tú te vas a sentir seguro y confiado para poder aceptar la sanidad completa de todo tu ser. Tu alma no enferma, pero entristece y también sufre cuando tu cuerpo no está en equilibrio. Mi luz sanadora está en ti y puedes deshacerte de todo mal hoy, solo tienes que aceptar la sanidad en ti. Recuerda que no hay enfermedad más grande que tu propia falta de fe y desamor. ¡Mi amor y mi luz te acompañan en tu sanación!

Arcángel Rafael

ARCÁNGEL URIEL

"El dar y recibir es crear abundancia"

Soy la luz y sabiduría de Dios. Te ayudo encarrilándote en el camino correcto. Mi luz y sabiduría te guían a encontrar el balance en tu vida. Ilumino tu mente y pongo paz en tu corazón para que aprendas a ver la abundancia recordándote que el dar y recibir es crear bienestar. No puedes ser abundante si solo das y te niegas a recibir, tampoco si solo recibes y nunca das nada. La ley del universo espiritual te enseña a abrirte a la abundancia dando y recibiendo. Siéntete merecedor porque eres abundante. No atraigas la carencia con pensamientos negativos de frustración y pobreza. Da lo más que puedas y recibe con agradecimiento. Bendice a tu prójimo, visita al enfermo en su lecho, comparte tu pan con el hambriento, y recibe sus bendiciones con felicidad y agradecimiento. Hoy tienes un pan que llevarte a la boca, pero tal vez mañana elijas ser el mendigo con quien has compartido tu pan. Todo lo que das te lo estás dando a ti mismo. Ve y da con amor y recibe con agradecimiento. ¡La luz de la abundancia está en ti!

Arcángel Uriel

ARCÁNGEL ZADQUIEL

"La sinceridad del perdón"

La justicia de Dios no es como la justicia terrenal. La justicia divina de Dios va de la mano de la misericordia. Significa que para alcanzar la justicia necesitas ser compasivo perdonando y no juzgando a tu prójimo por algo que tú haces y no te juzgas a ti mismo. Por eso la compasión y la misericordia en ti son importantes, porque cuando tú eres misericordioso con los demás estás siendo justo, porque estás entendiendo que todo se puede perdonar. Hoy mi luz de la transmutación te ayuda a perdonar sinceramente siendo compasivo y misericordioso contigo mismo y los demás. Mi luz está en ti perdonando, transmutando y liberándote del karma. ¡Soy la luz que transmuta tu dolor en amor!

Arcángel Zadquiel

ARCÁNGEL MIGUEL

"Superación de obstáculos"

Hoy es un día como todos, porque todos los momentos son iguales, todo depende de la manera que tú estés juzgando la situación. Si en este momento tú estás juzgando la situación como difícil y dolorosa, es porque estás vibrando en el miedo y necesitas ayuda para superar los obstáculos que te has puesto para llegar a vibrar en amor total. Yo que soy la protección, seguridad y el poder para superar todo obstáculo te digo que tu enfermedad, problema legal, problema de trabajo, problema de pareja, problema familiar o cualquier otra clase de problema, hoy lo vas a empezar a percibir de una manera diferente. Hoy vas a ver esa situación sin juzgarla y vas a ver qué es lo que hay más allá del dolor y sufrimiento para entender que siempre hay un milagro escondido que es la recompensa a tu sufrimiento. Tú que has decidido vivir tus experiencias terrenales, hoy puedes decirte a ti mismo que te permites cambiar el curso de tu vida y empezar a experimentarte de una manera amorosa. ¡La luz infinita de Dios te está sosteniendo!

Arcángel Miguel

ARCÁNGEL JOFIEL

"Entendimiento del plan divino"

La sabiduría es tu iluminación que te pondrá en contacto con tu Ser Superior. Serás inspirado con pensamientos e ideas maravillosas que te ayudarán a extender la paz y amor por todo el mundo. Estos pensamientos suceden en tu mente recta que es la que se comunica con Dios, es tu parte sabia conectando con la Divinidad. Eres tú entendiendo y poniendo el plan divino en acción. Viniste para aprender y crecer, y la sabiduría infinita de Dios está para ayudarte a que lleves a cabo ese plan divino. ¡La luz de Dios brilla en ti hoy!

Arcángel Jofiel

ARCÁNGEL CHAMUEL

"Armonía física y espiritual"

Desde hoy extenderás toda tu luz interior, llevarás paz y sosiego a los demás. Estarás siempre inspirado en el amor de Dios. Tus palabras serán elocuentes porque estarán llenas del espíritu y la gracia de Dios. Tus metas serán alcanzadas para tu crecimiento personal y espiritual. La sabiduría de Dios estará siempre en ti cuando no te escondas de su divina Presencia. No hay más caminos que el camino del amor, la compasión, la generosidad y el respeto por ti mismo y por los demás. La armonía física y espiritual está en ti y hoy tienes la llave para encontrarla. ¡Soy la amorosa Presencia de la luz de Dios!

Arcángel Chamuel

ARCÁNGEL GABRIEL

"Elevación espiritual"

En esos momentos que tu relación con esa persona a quien amas está pasando por un momento difícil y que no encuentras la solución, la fuerza infinita te ilumina y queda todo resuelto. No hay nada que no tenga solución cuando invocas la fuerza de Dios. El padecimiento más doloroso que estés sufriendo no se puede resistir al amor de la fuerza divina de Dios. Porque mis cambios te traerán vida, luz y esperanza. Puedes recuperar tu salud, tu trabajo, tus estudios, tu pareja, tus relaciones familiares, tu espiritualidad y tu bienestar completo. ¡Soy la fuerza de Dios que eleva tu espíritu para hacer cambios positivos!

Arcángel Gabriel

ARCÁNGEL RAFAEL

"Visión divina"

Mi visión divina hoy es tu propia visión de sanación. El enfoque es en deshacer el miedo y el estrés que tú has creado. Recuerda que no hay nada que no puedas hacer. Puedes cometer errores, pero siempre está la opción de corregir las cosas. Tu visión divina es la sanidad hoy, porque cuando te sientes sano puedes ver las cosas como son y trabajar en tu misión de vida. Puedes hacer lo que viniste a hacer a este plano terrenal. Hoy, el miedo y el estrés se desvanecen, y la luz de la sanidad toma acción. La felicidad no te causa problemas, al contrario, te hace sentir sano. ¡La luz de Dios sana!

Arcángel Rafael

ARCÁNGEL URIEL

"Prosperidad universal"

Si vives una vida espiritual donde eres consciente de quién eres en este universo, nunca te sentirás limitado porque la pobreza y la necesidad no existirán más en ti. Serás abundante, próspero, sereno, completo y feliz. Esta felicidad plena es el bienestar que es parte natural de ti y de todos los que te rodean. Nunca culpes a nadie más si te sientes pobre o en carencia porque solo tú eres responsable de lo que creas o dejas de crear. El universo de Dios es abundante sin medida y está a tu disposición con todas las riquezas habidas y por haber. Los milagros y bendiciones de Dios son como lluvia en invierno, nunca dejan de llegar. ¡Reconoce tu valía y acepta la prosperidad universal!

Arcángel Uriel

ARCÁNGEL ZADQUIEL

"Transmutación de las cargas kármicas"

Tú te juzgas por lo que haces y por lo que piensas hacer. Tu mente no para de culparte una y otra vez sin parar. Los dones espirituales que se te han dado desde el principio de tu creación están contigo, y mis Ángeles te están ayudando a que recuerdes cómo puedes usarlos y transmutar tu karma. Tus dones espirituales te ayudan a tener la capacidad de perdonar porque eres compasivo contigo mismo y los demás. Ya no vas a tener que seguir recordando todo ese pasado de dolor que te hace sufrir. Hoy tu karma queda disuelto y tú liberado del dolor. ¡Soy la luz de la transmutación de Dios!

Arcángel Zadquiel

ARCÁNGEL MIGUEL

"Soltar energías tóxicas"

Yo desempeño una labor de rigor que es derribar todo lo que esté vibrando bajo y te esté causando dolor. Mi propósito es tu sanidad física, mental y espiritual. Pero cuando tú no estás teniendo el mismo propósito, yo no puedo ayudarte porque estamos en desarmonía. Pero si tú te pones en sintonía con mi luz, mi amor y mi fuerza, todas las cosas salen bien. Cuando estás siendo cuidado por la luz perfecta no hay nada que temer, todo es plenitud. Hoy reconoce tu valía y acepta que mi luz te cubra completamente y te libere de las energías tóxicas. ¡Soy la fuerza sublime de Dios!

Arcángel Miguel

ARCÁNGEL JOFIEL

"Ver el milagro escondido"

El rayo de luz amarilla hoy entra en tu vida y te ayuda a embellecer tus pensamientos y armonizar tus sentimientos. Cuando la fluidez de la armonía se mueva por todo tu ser verás las cosas de otra manera. Ya no habrá más milagros ni bendiciones escondidas, estarás fluyendo en el amor, la abundancia, la salud y el bienestar absoluto. Deja que tus pensamientos fluyan con amor como ríos cristalinos que no tratan de regresar su cauce sino corren libremente en la dirección de su desemboque. Así fluye tú con el compás del universo sin oponer resistencia y verás los milagros suceder. ¡Soy la belleza de Dios iluminando tu mente!

Arcángel Jofiel

ARCÁNGEL CHAMUEL

"Equilibrio afectivo"

Todos son creados a la imagen y semejanza de Dios. Son seres de luz y amor que escuchan la voz de Dios, pero también escuchan la voz del ego. Seguirás cometiendo errores y viviendo en la tristeza hasta el momento que encuentres el equilibrio en tu vida y te ames incondicionalmente. La templanza en ti es lo que te ayuda a ver tu fuerza y tus virtudes que son muchas. Esa fuerza te mantiene en balance y puedes tratarte a ti mismo y a los demás afectivamente y con respeto sin hacer ningún juicio, solo perdonando y manteniendo tu equilibrio mental y emocional. Mi luz te bendice y te guía a tomar decisiones correctas para que seas feliz. ¡El rayo de la luz amorosa de Dios te está protegiendo!

Arcángel Chamuel

ARCÁNGEL GABRIEL

"Propósito de vida"

De repente te vas a dar cuenta que lo que estás haciendo en este momento no te complace, no eres feliz. El trabajo, rol o profesión que estés desempeñando en este momento, es parte de tu aprendizaje, no te sientas mal. Te estoy guiando y dándote la fuerza para que entres a tu verdadero propósito de vida y hagas lo que viniste a hacer y que te de felicidad. No tienes que hacer cambios radicales en tu vida, sino buscar algo más que te va a llenar y darte felicidad. Tal vez ayudar a los demás, a los animales o al planeta. Algo que te haga feliz. Te ayudaré a definir tu propósito de vida y a encontrar el balance y equilibrio. ¡Soy el Ángel de luz que ilumina tu propósito de vida!

Arcángel Gabriel

ARCÁNGEL RAFAEL

"Nueva visión de la vida"

Si tu camino en la tierra está llegando a su fin, es tiempo de una sanación y purificación del alma para tu nueva etapa de existencia. Esto no significa que tu alma está enferma, pero si confundida por la falta de sabiduría en ti acerca de tu parte divina. Hoy tienes la oportunidad de sanación y purificación, no lo dejes para último momento. Mi luz que sana te guiará a dejar todo lo negativo que hayas acumulado a través de tu vida, y que puedas aceptar la curación de Dios como tiene que ser. ¡Hoy eres consciente que no mueres porque eres parte divina de Dios!

Arcángel Rafael

ARCÁNGEL ZADQUIEL

"Misericordia y sanidad divina"

Como hijo de Dios eres sabio y sabes cuando las cosas no van muy bien. Por tu libre albedrío acepta la sanación física, mental y espiritual. Siente como la luz violeta entra en la parte enferma de tu ser llenándola de luz y haciendo la transmutación. Vive la sanación en ti sin dudar que has sido liberado. No juzgues y acepta el regalo de la salud que es parte de tus dones como hijo de Dios. Abre tu corazón al amor y permite que se llene de felicidad y ternura. Ofrece a manos llenas a otros la sanación porque cuando tú ayudas a salvar a otros te estás salvando a ti mismo. Cuando perdonas a los demás también te perdonas a ti mismo. Mi luz es la misericordia y la benevolencia que sana todo mal. Sé misericordioso y benevolente, y sanarás tú mismo y al mundo. ¡Soy la misericordia de Dios!

Arcángel Zadquiel

ARCÁNGEL MIGUEL

"Protección"

Dios es la luz todopoderosa que yo represento, y teniendo como testigos legiones de Ángeles y Arcángeles de tu creación bendita, "Yo me comprometo a ayudarte a consagrar tu alma y protegerte en todo momento". Si tienes miedo y te sientes indigno o no merecedor de la protección divina de Dios, recuerda que eres parte especial de la creación, y la protección y cuidados van a estar siempre contigo. Alegra tu corazón, no dejes que la desolación entre en tu vida, el mundo angelical te está sosteniendo fielmente y no te deja perecer. ¡En los altares celestiales de lo más alto está escrito tu nombre, y tu consagración es tu salvación, y yo y todos los Ángeles tu protección!

Arcángel Miguel

ARCÁNGEL JOFIEL

"Viviendo en el espíritu"

Cuando reconoces tu papel en el plan divino, empiezas a fluir en amor que te hace vibrar en felicidad, y tu mundo espiritual y material tienen un cambio que es la visión del despertar de conciencia. Es energía de purificación fluyendo a través de tu mente y corazón, es el amor de Dios moviéndose en ti. Permite la espiritualización mental en ti para que estés siempre en sintonía con el amor de Dios y puedas ver los milagros suceder en tu vida y sanar todo tipo de mal y enfermedad. La iluminación es parte de ti porque eres creación de Dios, permite el amor en ti. ¡Soy la iluminación, el rayo dorado de Dios!

Arcángel Jofiel

ARCÁNGEL CHAMUEL

"Guía divina"

Todo lo que estás buscando está enfrente de ti, pero no lo puedes ver de la misma manera que no ves la luz de Dios en ti. En el momento que eres consciente de la luz divina de Dios en ti, también te das cuenta de que eres un ser completo sin limitación. Amas incondicionalmente y se abren las puertas del amor, la sanidad y la abundancia. Tus tristezas desaparecen porque sabes que tú y toda tu familia están siendo cuidados y protegidos. La guía divina de Dios está constante en tu vida ayudándote a suplir todas tus necesidades físicas y espirituales. ¡Soy el rayo de luz rosa que está guiando tu vida y la de tu familia en dirección del amor y sanación!

Arcángel Chamuel

ARCÁNGEL GABRIEL

"Inspiración y acción para hacer cambios"

La comunicación, el balance y equilibrio están en ti, y cualquier proyecto que inicies llegará a buen término. Tus ideas están fluyendo en tu mente, la Divinidad está iluminándote con sabiduría y amor infinito. Todos tus canales de comunicación espiritual están abiertos para recibir mensajes y poder plasmarlos en arte. Hoy la energía angélica está cuidándote a ti y a tu familia y todos podrán actuar con la misma inspiración y acción divina. ¡Hoy el camino en la dirección correcta a tu misión de vida está revelado!

Arcángel Gabriel

ARCÁNGEL RAFAEL

"La visión de la sanación"

Lloras, te quejas y te lamentas por tus padecimientos físicos. Tienes miedo a perder el cuerpo que te está materializando, te crees terrenal y no espiritual. Ese enfoque errado de tu mente es tu verdadera enfermedad. Enfócate mejor en tu felicidad mientras estés en este plano físico. Ama a tu cuerpo, pero no te aferres tanto a él, porque tú sabes con certeza que de una u otra forma tu cuerpo va a perecer. La visión de la sanación es ver más allá de tu cuerpo y verte frente a los altares celestiales disfrutando de tu espiritualidad porque es lo que tú eres. Eres un Santo hijo de Dios que goza de completa salud física y espiritual. ¡La visión de la sanación está brillando en ti!

Arcángel Rafael

ARCÁNGEL URIEL

"Siéntete merecedor de los milagros"

Es tu decisión sanar tu mente de pensamientos de pobreza y enriquecerlos con la sabiduría abundante de Dios. Hoy abre tu corazón y permite que la luz radiante de la divina presencia de Dios revitalice tu alma y que cada pensamiento negativo sea convertido en positivo. Hoy crea una nueva vida llena de amor y alegría donde podrás ser abundante, generoso, próspero, teniendo la certeza que eres merecedor de recibir toda la abundancia posible de bienestar. Siéntete merecedor de los milagros y compártelos con todos los que te rodean. ¡Hoy renuncia a tus votos de pobreza y sufrimiento, hoy eres abundante sin medida!

Arcángel Uriel

ARCÁNGEL ZADQUIEL

"Liberación espiritual"

La liberación espiritual es la capacidad de perdonarte a ti mismo por los errores del pasado. Es autocompasión y misericordia para poder sanar las experiencias y recuerdos dolorosos que están atando tu espíritu. Hoy libera el dolor, el pesimismo, y pensamientos de esclavitud del ego para recibir la esperanza, la paz y la benevolencia. ¡Hoy el dolor es transmutado con la llama violeta del espíritu de la misericordia para alcanzar la liberación de tu espíritu!

Arcángel Zadquiel

ARCÁNGEL MIGUEL

"Confianza y fe"

Si no estás creyendo en tu espiritualidad y te ves solo como un cuerpo frágil y enfermo, vas a estar siempre hundido en el dolor. Si solo te ves como un cuerpo, no puedes sentir la plenitud porque te sientes limitado y sin poder. Es tu espíritu el que te da la fuerza, porque es el espíritu de Dios en ti que es infinito e impecable. Hoy mi luz viene a iluminarte y a remover tus dudas. Hoy recupera la confianza y la fe para que tengas resultados positivos y puedas ver los milagros suceder enfrente de ti. Reencuéntrate con la fe; mi espada y mi escudo están protegiéndote y resguardándote. ¡Eres un Santo hijo de Dios!

Arcángel Miguel

ARCÁNGEL JOFIEL

"Claridad mental"

La iluminación te ayuda a fluir en el mundo material y el mundo espiritual, tomando conciencia que cada situación que estás viviendo es parte de tu aprendizaje de vida para ser mejor. Todas esas situaciones que te causan angustia son parte de tu aprendizaje y cuando tú lo ves de esa manera el dolor es menos. La iluminación te enseña a vivir tus aprendizajes de vida desde el amor y a que te des cuenta de que tus reacciones negativas solo empeoran las cosas. ¡Recibe la iluminación y aclara tu mente y fluye en el amor!

Arcángel Jofiel

ARCÁNGEL CHAMUEL

"Sentimiento de dulzura"

Te ayudo a brillar con gran luz para que seas reconocido como lo que realmente eres, un espíritu amoroso que no teme a la muerte porque reconoce su valía como hijo infinito de Dios. La comunión es una parte importante para que te mantengas bajo la iluminación del Padre. Siente la bondad en tu corazón y vive lleno de dicha, porque estás viviendo en la gracia de la comunión en el mundo espiritual. La Santidad de Dios se ha extendido a ti y a los tuyos, para protección y cuidado perfecto. ¡La luz amorosa de Dios te acompaña!

Arcángel Chamuel

ARCÁNGEL GABRIEL

"Recupera tu propósito de vida"

Tus aprendizajes te hacen encontrar tu propósito verdadero porque te llevan al cambio. Cada experiencia es un eslabón que une una historia a la otra hasta que todo el plan está formado. No tengas miedo de dar el salto, yo te estoy llevando de la mano. Si permites que yo te guíe, siempre irás en la dirección correcta. Si haces lo contrario, te estarás moviendo en círculos y te demorarás más tiempo en tu recorrido. Sigue mi luz que es precisa para mostrarte el camino y para que recuperes tu propósito de vida. Te llenarás de felicidad y todo tendrá sentido porque estarás en el camino correcto. El camino correcto es siempre el camino del amor. Cuando haces las cosas con amor, nada puede salir mal. ¡Soy la luz de la fortaleza de Dios a tu amparo y cuidado!

Arcángel Gabriel

ARCÁNGEL RAFAEL

"Manifestación de la sanación"

Estás bajo la protección y bendición del Padre, donde vas a ver y sentir la sanación manifestándose en ti en una manera suave y amorosa. Infinita luz ilumina tu vida, y tú iluminas al mundo. Hoy llevas luz y sanación a los demás porque eres luz, la manifestación de la creación y el amor de Dios. Estás lleno de amor y bondad que se convierten en misericordia, gracia y compasión. Ve y extiende la luz verde que sana. ¡La sanación se está manifestando hoy en ti, abre tu corazón y sé sano!

Arcángel Rafael

ARCÁNGEL URIEL

"Abundancia material y espiritual"

Yo me encargo de que tú estés siempre abundante. Te ilumino tu mente con sabiduría y abundancia para que seas capaz de despertar tu espiritualidad y ser consciente. Lleno tu corazón con amor y tus alforjas con provisiones para alimentar tu cuerpo físico. Si te sientes en necesidad, solo recuerda que yo te proveo de todo y es tu voluntad si quieres tomar o ignorar la abundancia en la que estás fluyendo. El Espíritu Santo nunca cesará de colmar tu corazón con amor, al igual que la tierra seguirá pariendo granos y frutos, y los mares te abastecerán con peces. No hay manera de que te sientas limitado porque todo se te está dando. Abre tus manos y empieza a cosechar los frutos espirituales y materiales que te estoy regalando. ¡Soy la luz, la abundancia y la sabiduría de Dios!

Arcángel Uriel

ARCÁNGEL ZADQUIEL

"Transmutación de energías negativas"

Yo te libero de tus pesadas cargas con la transmutación de energías. Para que tu camino al perdón sea más fácil te ayudaré a olvidar los recuerdos que te causan dolor, si esa es tu voluntad. También te ayudo a transformar los sentimientos de derrota, abatimiento, la desesperanza e impotencia por la plenitud total. Hoy libérate del odio y rencor y permite que mi luz purifique tu alma para que puedas perdonar. En el momento que perdones notarás mi luz haciendo la transformación. Tienes la fuerza para transmutar el dolor en amor. ¡La luz divina de Dios está en ti!

Arcángel Zadquiel

ARCÁNGEL MIGUEL

"El poder de Dios"

Cuando el miedo y la desesperación llegan a ti, te olvidas de que tienes fuerza y poder en ti. Esa fuerza y poder en ti es Dios. Necesitas estar preparado con tu fe para poder lidiar con los azotes del ego. Yo, la fuerza infinita de Dios, siempre estoy mandando a mis Ángeles de la guarda a que te protejan a ti, a tus hijos y a los hijos de tus hijos. También recuerda que cuando tú tienes el poder de Dios en ti, cuando tú te has dado cuenta del poder de Dios, no hay puerta que toques y no se abra. Toda puerta se abre, toda enfermedad se sana, todo problema se resuelve y tú vives en felicidad. No olvides que la protección del Padre a su hijo es permanente. Siempre que estés en necesidad puedes recibir ayuda porque siempre estás resguardado por el poder y la fuerza de Dios. Mantén la fe y la confianza, y que no desmaye tu corazón. No lo olvides, todo problema tiene solución. ¡Soy la fuerza infinita de Dios!

Arcángel Miguel

ARCÁNGEL JOFIEL

"Plan divino de Dios"

No hay otra manera que tu espíritu crezca y se libere del karma, sino solo a través de tus aprendizajes de vida que vas a repetir hasta que aprendas el significado de lo que realmente es la ascensión espiritual o iluminación. Cuando tú seas consciente y entiendas quién eres, ames incondicionalmente y perdones, verás tu alma brillar con gran luz. Esa es la iluminación, ser consciente de que eres parte de Dios. Cuando se es consciente de ser parte de Dios se vive en amor y todo es posible porque se está viviendo en la gracia. ¡Solo el amor de Dios es real y su plan Divino es el camino a tu iluminación espiritual!

Arcángel Jofiel

ARCÁNGEL CHAMUEL

"Armonía en las relaciones"

Tus pensamientos y sentimientos se verán reflejados en tus palabras de generosidad, compasión y respeto por los demás. Todas tus relaciones de pareja, relaciones familiares, relaciones de trabajo y relaciones de amistad, serán bendecidas y purificadas con la llama rosa del amor sagrado. Mi amor y mi luz amorosa serán esparcidas por donde quiera que tú vayas. El amor brillará en tu corazón y en tus relaciones y podrás encontrar todo lo que estás buscando. Tus plegarias son contestadas y tus sueños se hacen realidad. ¡El rayo de luz del amor incondicional te está iluminando!

Arcángel Chamuel

ARCÁNGEL GABRIEL

"La serenidad y el cuidado personal"

La paz y la serenidad de tu alma influyen en gran manera en cómo estás cuidando de tu cuerpo. Mi amor eterno te está protegiendo y guiando a la serenidad que en este momento tú estás necesitando para poner tu vida en un balance energético, donde vas a estar vibrando en un alto nivel de amor y armonía. Este balance llegará a ti cuando tú aprendas a cuidarte y a valorarte. El cuidado de tu cuerpo físico es importante porque tu cuerpo es el vehículo que ocupa tu alma para comunicarse y moverse en este mundo terrenal. Un viaje a la playa, a la montaña, o cualquier otro lugar en donde te puedas sentir en contacto con la naturaleza y relajarte, te ayudará a serenar tu mente y al mismo tiempo a sanar tu cuerpo. ¡Mis Ángeles te están guiando y acompañando en esta sanación corporal!

Arcángel Gabriel

ARCÁNGEL RAFAEL

"Visita de sanidad"

Yo soy la luz sanadora de Dios y estoy contigo, no cierres tu corazón a recibir la sanidad para ti y la humanidad. Cuando tú te sanas también ayudas a sanar a los demás, nunca lo olvides. La sanación envuelve a cada uno de tus hermanos porque todos son una unidad. Mi luz te está ayudando para poder ver cada milagro suceder en tu vida y en la de tus seres queridos. Los milagros son la sanidad, la apertura de conciencia y conocimiento, para tomar las decisiones correctas y actuar en consecuencia usando tu libre albedrío. ¡La luz de Dios sana!

Arcángel Rafael

ARCÁNGEL URIEL

"Abundancia y prosperidad"

Mi luz de amor perpetuo ilumina tu mente con sabiduría para que estés listo para recibir y vivir en la abundancia que te mereces como bendito hijo de Dios. Estoy deshaciendo y desechando todo lo que no necesitas para que quede espacio para llenarlo del amor y la gracia de Dios. Mi luz color rubí está llenando tu corazón de amor y tu mente de sabiduría para que abrigues siempre la fe y la esperanza. Estoy siempre cerquita de ti, respira profundamente, con amor llama mi nombre, yo estaré contigo cubriéndote con mi luz, la luz bendita de Dios. ¡Soy la representación de la sabiduría y abundancia del todopoderoso, Dios!

Arcángel Uriel

ARCÁNGEL ZADQUIEL

"Tiempo de sanar karma"

Si sientes que ya no puedes más con tus sufrimientos de dolor, frustración, enfermedades físicas y mentales, problemas familiares y de trabajo, y todo lo que te causa pena; es tiempo de cambio. Es tiempo de dejar el sufrimiento y que cortes por completo con todo ese dolor. Yo con todos mis Ángeles de la luz violeta estamos en guardia para ayudarte a eliminar tus cargas kármicas que te están atormentando. La manera más fácil en la que te puedes deshacer del sufrimiento kármico es a través del perdón. ¡Soy el perdón y la transmutación que ha llegado a ti!

Arcángel Zadquiel

ARCÁNGEL MIGUEL

"Inspiración a los trabajadores de la luz"

Sensibilidad, entrega, dedicación, pasión, empatía, y sobre todo amor y deseo ferviente de ayudar a los demás, son las cualidades que necesitas descubrir en ti para que comiences tu misión espiritual. Yo que te guío en tu misión de vida que tú has elegido, te brindo mi protección y ayuda para que puedas terminar tu aprendizaje terrenal. Puedes empezar tu misión de vida las veces que sean necesarias, pero al final serás un trabajador de la luz como todos los que buscan la iluminación. Todos son embajadores de la paz, porque sin paz no hay salvación. No es que la salvación no sea parte de tu herencia divina, pero si no tienes paz no la puedes ver ni alcanzar. Este es un camino que todos lo tienen que recorrer de diferente manera, pero todos tienen que ayudar a sanar al prójimo con amor. Mi luz y mi amor te están inspirando a que puedas encontrar el camino para terminar tu cometido. ¡Soy la luz de los altares celestes!

Arcángel Miguel

ARCÁNGEL JOFIEL

"Belleza espiritual"

Cada experiencia que estás teniendo en este plano terrenal es un aprendizaje que te ayudará a crecer como persona y como espíritu. En cualquier momento vas a ser consciente de tu fuerza y ya no juzgarás las situaciones vividas, sino que aprenderás a sacarles provecho. Mi luz te está ayudando a fluir como el viento libre y fresco para que puedas sentirte en unidad con Dios y su espíritu. Hoy respira libremente y siéntete merecedor de tus dones espirituales porque son parte de la belleza de Dios en ti. ¡Eres la creación divina de Dios!

Arcángel Jofiel

ARCÁNGEL CHAMUEL

"Abre el corazón al amor"

Si miras solo tu cuerpo y ves solo tus imperfecciones, es porque no te ves como un hijo de Dios sino como un ser despreciable que no merece. Pero si en realidad meditas un momento y piensas en el amor que sientes por tus hijos y en tus deseos de que ellos sean felices, te darás cuenta de que Dios, tu Padre, el Creador de todas las cosas, quiere para ti lo mismo. Si tú que eres dual amas a tus hijos, Dios que es perfección y amor incondicional te ama a ti mucho más. No te detengas más a pensar que estás solo, porque nunca estás solo ni por un solo instante. Abre tu corazón al amor y verás la luz en ti, y los miedos desaparecerán y te sentirás uno con Dios y el universo. No tendrás más preocupaciones porque sabrás que estás en este plano terrenal solo un pequeño instante que se termina en un segundo comparado con el infinito. Yo te brindo toda mi luz para que puedas ayudarte a encontrar la plenitud para ti y toda tu familia. ¡Soy el amor de Dios brillando en tu corazón!

Arcángel Chamuel

ARCÁNGEL GABRIEL

"Don de nutrir"

El Amor del universo espiritual viene a ti y se extiende por todas partes para unirte a ti y a tu familia, son lazos significantes de amor. Si en este momento estás teniendo una preocupación familiar. Es tiempo que sueltes y liberes ese dolor y que te aferres a la luz y a la gracia del amor infinito que tu Padre, Madre, Universo te está enviando. Tú y tu familia están unidos con lazos de amor, estos lazos de amor son también lazos del alma que vienen bien marcados para ti y tu familia. Tú tienes el poder, tienes el don de nutrir a tu familia y a toda persona que se acerca a ti. Si tienes el don de nutrir a los demás con amor, con sabiduría, es porque tú puedes nutrirte a ti mismo de sabiduría. Ese amor infinito viene del Padre, y tu misión es llevar ese amor a los que no lo están viviendo. ¡Soy el Ángel mensajero de Dios!

Arcángel Gabriel

ARCÁNGEL RAFAEL

"Intervención angélica"

La luz verde esmeralda que es la cristalización de la ciencia que cura todo, está contigo hoy dándote equilibrio y fuerza para poder deshacerte del miedo y estrés que te están causando la percepción de enfermedad. Mi rayo de luz verde purifica tu mente y tu cuerpo, y libera tu espíritu de la percepción de dolor. Te despojo de tus cadenas de enfermedad y te ofrezco las alas más bellas que hayas visto para que puedas volar tan alto donde no haya nada que te ate al sufrimiento terrenal. Vuela libre sin temor porque has permitido que la luz sanadora de Dios intervenga en tu vida, no dudes que has sanado solo acepta que eres libre de toda enfermedad y verás la gloria de Dios renacer en ti. ¡Soy la luz que cura!

Arcángel Rafael

ARCÁNGEL URIEL

"Liberación de las ataduras de la prosperidad"

Mi luz de la sabiduría en ti te ayuda a sanar tu mente y a calmar tu alma. La luz de la sabiduría infinita te da la fuerza para abrir tu corazón al amor incondicional que es pura abundancia. La luz de la transformación te envuelve completamente para irradiar paz, y que tus pensamientos negativos sean transmutados a positivos. La liberación de las ataduras de la prosperidad te abre las puertas al renacer de una vida de abundancia y felicidad. ¡La prosperidad y bienestar son en ti!

Arcángel Uriel

ARCÁNGEL ZADQUIEL

"Liberando las viejas costumbres"

En el momento que piensas acerca de liberar las viejas costumbres, tu corazón se aflige y tu mente rechaza la idea de soltar todo ese dolor que vienes arrastrando de esta u otras vidas. Hoy permite por tu libre albedrío soltar y liberar todo lo viejo del pasado, ese pasado de dolor que te ha atormentado. Cuando tú por tú libre albedrío permite soltar, llega a ti la transmutación, llega a ti el cambio; el cambio que tú realmente quieres tener. ¡Soy el Ángel de la transmutación!

Arcángel Zadquiel

ARCÁNGEL MIGUEL

"Protección angélica"

Todos los Ángeles de la banda de la protección te están cuidando y resguardando a ti y a todos tus seres queridos.

Todas tus preocupaciones y angustias deposítalas en las manos de Dios, porque sus Ángeles están haciendo su trabajo de protección. Yo mismo estoy contigo en todo momento de necesidad, solo necesitas llamarme y llegaré en tu auxilio. Mi luz te está cubriendo y protegiendo de todo mal. Te protejo de tus pensamientos de miedo que te hacen vulnerable porque no confías plenamente en la fuerza y el amor de tu Padre. ¡Estás resguardado por el más alto, Dios en toda su extensión!

Arcángel Miguel

ARCÁNGEL JOFIEL

"Expresiones artísticas"

Puedes tal vez percibirte como corto o falto de creatividad, pero yo te digo a ti que mi luz te ilumina para que tú puedas ver a ese artista que eres. Recuerda, eres un artista en toda la extensión de la palabra. Pide mi ayuda y estaré ahí para explorar todos los dones que no estás viendo. Te ayudaré a inspirarte y a que veas cuánta creatividad existe en ti. Puedes pintar el cuadro más bello que exista o escribir el poema más hermoso. Puedes cantar la canción que a ti te guste o hacer cualquier cosa que para ti en estos momentos te parece imposible. Te parece imposible porque no te estás viendo como realmente eres, eres virtuoso, capaz de crear todo lo que tú deseas. Así que es tiempo de retomar de nuevo el camino y empezar a construir. A construir cosas positivas que te ayudarán a ser mejor. ¡Soy la belleza de Dios!

Arcángel Jofiel

ARCÁNGEL CHAMUEL

"La pareja ideal"

Si estás buscando pareja o estás viviendo en pareja y sientes que las cosas no van bien. La comunión y comunicación con otras personas a veces puede ser un tanto difícil, dependiendo de cómo es la relación contigo mismo. Si tú tienes una pésima relación contigo mismo, también vas a tener una relación difícil con tu pareja. Para que tú puedas tener una relación afín con alguien más, necesitas mejorar la comunicación contigo mismo. Cuando te digo la comunicación contigo mismo, es quererte, amarte, cuidarte, respetarte y darte la valía que tienes. Cuando tú hayas hecho todas estas cosas, te sentirás más afín con tu pareja. Vas a poder encontrar esa persona que tú has andado buscando. Siempre con el pensamiento de que tu pareja no te va a traer felicidad porque tú ya eres feliz. Esa persona va a estar vibrando en la misma sintonía que tú, pero si no es así, necesitas replantearlo. No olvides que el amor ya es en ti, no trates de negártelo a ti mismo ni esconderlo. Ámate y ama incondicionalmente. ¡Es el amor de Dios hablando!

Arcángel Chamuel

ARCÁNGEL GABRIEL

"Recibe con agradecimiento las buenas noticias"

Todos pueden recibir las buenas noticias de la revelación y encontrar esa luz poderosa de amor en sus corazones. No te resistas a recibir las buenas noticias de la salvación, porque solo tú puedes hacer el cambio de vivir en el miedo y sufrimiento para encontrarte con el amor. Dios es la buena noticia en tu vida que viene a protegerte y a liberarte de tus propias cadenas. Soy la fuerza y fortaleza de Dios manifestándose en ti.
¡Recibe las buenas noticias con agradecimiento!

Arcángel Gabriel

ARCÁNGEL RAFAEL

"Momento de sanación"

Cuando tu mente pide sanación es porque también está pidiendo la salvación. Tú eres la salvación del mundo junto a tu hermano porque se están iluminando uno al otro. En este momento la luz de sanación y salvación ha llegado a tu vida. Esta es la luz que te ilumina para que tú puedas sanar tu mente y todo tu ser, y así logres extender esa sanación a los demás. Así sanarás el mundo, porque tú eres el mundo. No tengas miedo de ser un sanador, ve y extiende tu luz, la luz que llevas en ti. No tengas miedo de decir: "Soy sano y puedo llevar la sanación y salvación a mi hermano". Este es el momento de sanación que habías estado esperando. Disfruta este momento de sanación y recupera el poder que hay en ti. La fuerza infinita de sanación es la luz de Dios brillando en ti. ¡Soy el Ángel de la sanación!

Arcángel Rafael

ARCÁNGEL URIEL

"La sabiduría de Dios está brillando en ti"

El poder de saber que la sabiduría de Dios está brillando en tu mente es muy importante, porque en ese instante el ego desaparece; el ego es la sombra que te oscurece y te convierte en ignorante, ignorante de lo que tú no eres consciente que existe en ti. Esa ignorancia es miedo, es ansiedad, es impotencia, es desespero, y el ego te pone todos estos temores en tu mente para que tú no puedas ver realmente la luz brillar en ti. Cuando la luz de Dios ilumina tu mente, todas las sombras de pensamientos del pasado que son de desamor desaparecen al instante y te quedas en una mente positiva. Dejas el momento gris y sientes tu Santidad. La sabiduría de Dios, la iluminación de Dios, son tu liberación del ego. Es tu liberación de todo eso que tú llamas "mal"; esa liberación de todo dolor, de todo pesar, de toda angustia. Permite la iluminación de Dios brillar en ti hoy. ¡Soy el Ángel de la iluminación!

Arcángel Uriel

ARCÁNGEL ZADQUIEL

"Luz violeta de transmutación"

Si te encuentras en una relación de pareja, en un matrimonio que es tóxico; es tiempo de cambio, tiempo de dejarlo. Si te encuentras en una relación de trabajo que es tóxica, una relación de amistad que es tóxica, o todo lo que está a tu alrededor que tú sabes qué está vibrando en desequilibrio, es tiempo de hacer modificaciones, de hacer cambios desde el amor, todo se hace desde el amor para que tenga resultados positivos. Recuerda que tú, por tu libre albedrío necesitas decir: "Hoy quiero hacer cambios en mi vida", "Hoy yo voy a llenarme de toda la luz que la llama transmutadora me está ofreciendo en este momento", "Voy a recibir toda la benevolencia que estoy necesitando".

Arcángel Zadquiel

ARCÁNGEL MIGUEL

"Confianza infinita"

No importa qué es lo que está sucediendo en tu vida, si necesitas apoyo, necesitas un abrazo, necesitas una palabra de aliento, una caricia, aquí están mis brazos para que te refugies en ellos. No tengas miedo de decirme: "Padre, vengo a ti con este dolor, con este problema, con esta situación", y Yo estaré ahí. Así es que la confianza infinita que tengas en tu Padre es bien importante, es una confianza de "Yo estoy protegido", "Yo estoy resguardado en unos brazos poderosos y fuertes", "Tengo la protección infinita de Dios, del todo".

Arcángel Miguel

ARCÁNGEL JOFIEL

"Desarrollando la intuición"

Bienaventurado es el que recibe la luz de la iluminación. Hoy mi rayo de luz te ayuda a desarrollar tu intuición para poder ver más allá de tus miedos. Tu senda está iluminada con la luz eterna, está eliminando de tu mente las dudas para que camines confiado hacia tu misión de vida. Todo lo que tú has venido a hacer a este plano terrenal es parte de tu misión de vida. A veces crees que te estás equivocando porque te causa dolor, pero en realidad estás caminando en tu misión de vida. La iluminación del Cielo, del rayo amarillo, te ayuda para que tú puedas llegar a tu misión de vida y terminarla, trabajando desde el amor para que no haya tanto sufrimiento. ¡Mi rayo de luz amarillo te da la intuición para que tú puedas llegar, quedarte, y terminar tu misión de vida en el plano terrenal y trascender con amor!

Arcángel Jofiel

ARCÁNGEL CHAMUEL

"Expresiones de Dios"

El Espíritu Santo te hace sentir Santo, estás sintiendo el amor sublime de tu Padre. Hoy te ayudo a ver dentro de ti y encontrarte aprendiendo a vivir en el momento presente para ser feliz. Nunca busques fuera de ti, nunca busques en el pasado ni en el futuro, solamente en el momento presente, enfócate en él. En el momento presente encontrarás siempre el Espíritu Santo vibrando en ti, es Dios. Permite que el Espíritu Santo obre en ti. Todos tienen el don del Espíritu Santo. ¡El don del Espíritu Santo es saber reconocer la Santidad en ti, saber que eres Santo, y si reconoces tu Santidad eres sano, completo y feliz!

Arcángel Chamuel

ARCÁNGEL GABRIEL

"Desapareciendo las sombras de mi camino"

Donde hay luz no puede morar la oscuridad. En el momento que una lámpara ilumina una habitación, la oscuridad desaparece porque hay luz. Lo mismo es con la luz divina y perfecta de la Divinidad. Cuando esa luz ilumina tu mente, todas esas sombras desaparecen. Todos tus miedos se diluyen y tú comienzas a vivir de nuevo en amor, en armonía y felicidad. Pero no puedes vivir en esa armonía y en ese balance sin la luz de Dios brillando en ti. Si tú no haces el intento por tu libre albedrío, no puedes hacer cambios. Siempre te doy el llamado a la acción. Siempre te digo que soy el Ángel de la revelación. El mensajero de Dios que trae mensajes de esperanza, mensajes de amor. Así es que aquí está mi mensaje: ¡Es un mensaje de sanación, de protección, de cuidado, un mensaje para deshacer los bloqueos y las sombras que nublan tu vida!

Arcángel Gabriel

ARCÁNGEL RAFAEL

"Cambio de manera de vivir"

Si tú usas la enfermedad para sentir lástima de ti mismo, te estás castigando. Si lo estás haciendo para castigar a alguien más, te sigues castigando porque tú eres el que está sufriendo. Así es que decide caminar, decide andar, decide ponerte en movimiento. Decide activarte, decide hacer lo que realmente quieres hacer y deja la enfermedad. Yo soy la cura, la renovación, la restauración. Recibe luz verde esmeralda y cambia tu manera de vivir, recíbela con amor y agradecimiento. Si tú así lo deseas, abre tu mente y tu corazón y llénate de esa luz. Esa luz que yo te estoy entregando en este momento es la misma luz que tú llevas en ti: Es sanación. Mi luz y tu luz hacen contacto, y vibras alto y te empoderas y sientes que eres sano, ya no sientes enfermedad. El dolor ya no existe, no hay sufrimiento porque así lo has decidido. Báñate con el verde esmeralda de sanación. ¡Soy la sanación del Cielo!

Arcángel Rafael

ARCÁNGEL URIEL

"Manifestación de la perfección divina"

Mi luz oro rubí, es la compasión infinita que te ayuda a elevar tu nivel de vibración, dándote la armonía del amor, paz, tranquilidad y sosiego. La compasión infinita de Dios sostiene todo el universo y te bendice con sanidad y bienestar completo. No hay nada más que tú necesites que no esté al alcance de tus manos o de una plegaria que venga desde el fondo de tu corazón. Mi sabiduría te da la libertad divina de crear, ver y tocar tus obras. Como hijo de Dios, tú tienes el poder de crear. Si creas con amor, serás feliz y podrás llegar más allá de las estrellas. ¡Hoy el rayo de luz oro rubí se desarrolla en ti y crece en bendiciones y milagros para ti y tu familia!

Arcángel Uriel

ARCÁNGEL ZADQUIEL

"Recibir el milagro de la sanación"

Tú has pedido un milagro y un milagro vas a recibir, el día y la hora lo decides tú, porque yo como el Arcángel de la justicia divina respeto tu libre albedrío. Los milagros son parte de ti y yo estoy aquí para asegurarme que todo el que pida un milagro se le sea entregado. Cuando tú aprendas a ser misericordioso contigo mismo vas a entender el significado de los milagros, porque vas a sanar tu alma y tu cuerpo al mismo tiempo. Vas a ser consciente de que solamente el fuego del amor infinito de Dios puede transmutar toda enfermedad por terrible que tú creas que sea, o simplemente puede ser una de tus molestias pasajeras. ¡Te dejo en compañía de mi amor y mi luz para que no te sientas desprotegido!

Arcángel Zadquiel

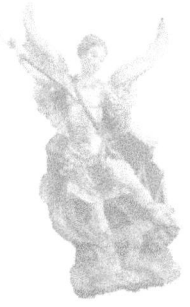

ARCÁNGEL MIGUEL

"Abriendo puertas"

Tú sabes perfectamente que la protección y la salvación la tienes garantizada, porque Dios siempre está protegiéndote y resguardándote de todo mal y de todo peligro. Su presencia es constante en tu vida, así es que no tienes nada de que temer. Pero cuando el ego ataca y te sientes solo, desesperado y no puedes ver las respuestas, es importante que veas la llave que tienes en tu mano para abrir toda puerta que esté cerrada. La llave que tienes contigo es la fe, es la confianza. ¡Dios es tu fortaleza a tu llamada de auxilio!

Arcángel Miguel

ARCÁNGEL JOFIEL

"Fluidez personal y espiritual"

Tus cuidados amorosos y bienaventurados se extenderán a tu casa y a toda tu familia. Todo va a estar fluyendo con armonía angélica. Mi luz fluirá por todas las células de tu cuerpo y por cada rincón de tu casa. Todo estará armonizado y embellecido. Hoy no tendrás prisa porque estás fluyendo en la armonía de los altares de Dios. Hoy no hay enfermedad porque no estás pendiente del sufrimiento, sino del gozo de tu belleza que has descubierto en ti. Los cánticos celestiales te acompañan y te liberan de todo lo negativo, hoy renace tu alma con el espíritu y la belleza infinita del Creador. El Ángel de la belleza de Dios te ha dado su promesa. Es tu responsabilidad de consumarla manteniendo el brillo en tu alma con tu corazón y tus manos abiertas, para que mi luz pueda entrar y cuidar siempre de ti. ¡La luz amarilla dorada se extiende sobre ti y sobre tu casa!

Arcángel Jofiel

ARCÁNGEL CHAMUEL

"Solucionando relaciones con amor"

Hoy si tienes que decir "no" a alguien, dilo, pero desde el amor. No permitas que ese "no", dañe tus relaciones con tus seres queridos. Mira todo desde puntos de vista diferentes y no permitas que tu ego cubra la visión de la verdad. La verdad es todo lo que es amoroso y que te hace feliz. Mi rayo de luz rosa te está llenando completamente tu corazón de amor para que te abras a dar y a recibir bendiciones. Hoy tus relaciones con tus hijos, padres, hermanos, parejas, parientes y amigos se han solucionado con la magia del amor angelical. El universo angelical se confabula contigo y te hace brillar en amor. ¡Mi luz rosa es el amor infinito de Dios!

Arcángel Chamuel

ARCÁNGEL GABRIEL

"Misión de vida"

Recupera la calma y comienza de nuevo, nunca es tarde para hacer las cosas bien. Hacer las cosas bien solo significa tu felicidad. Esa felicidad que no encuentras en el camino que estás recorriendo, la puedes recuperar en el momento que sepas a dónde estás poniendo tu fe y en quién estás confiando. Siéntate en silencio un momento y medita en lo que estás haciendo. Pregúntate porque estás haciendo ese trabajo, profesión, estudio, labor, y piensa en cuánta felicidad hay en tu vida. ¡El mensajero de Dios acompaña tus sueños y te guía en tus decisiones!

Arcángel Gabriel

ARCÁNGEL RAFAEL

"Vivir el amor incondicional con la confianza que estamos siendo cuidados por Ángeles y Arcángeles"

Entre más grande sea el amor por ti mismo y por los demás, más grande es tu conexión con Dios y la Divinidad. Cuando existe esa conexión con Dios, tú estás vibrando en un nivel muy alto de amor que te permite sanar completamente. Solo el amor tiene la fuerza para sanar, porque solo el amor tiene la fuerza para deshacer el miedo que es el causante de todos tus problemas. Mi luz te acompaña para que tú puedas sanarte a ti mismo y puedas ayudar también a sanar a los demás. Tú estás listo para sanar cuando has aprendido a amar incondicionalmente. Nunca te dejo solo ni por un momento, porque mi luz es la luz de Dios que tú llevas dentro de tu corazón. ¡Yo soy tu luz!

Arcángel Rafael

ARCÁNGEL URIEL

"Sabiduría de Dios"

Venid, pues hoy, recibe la sabiduría de Dios que está en TI. Cuando tú dices "hoy recibo la sabiduría", es porque estás seguro de que está en ti. Más que recibirla, debes aceptarla y decir "Yo acepto la sabiduría de Dios, porque es parte de mí, es lo que me ayuda a vibrar, a inspirarme, a seguir con mi misión de vida terrenal y después de esta vida". Hoy ve con amor y confianza que la sabiduría de Dios está en ti; estará en ti y vivirá en ti para siempre; Para que seas ese ser abundante y creativo.

La sabiduría de Dios es el amor infinito de tu Padre que te llena de gracia, que te llena de misericordia, que te llena de toda esa bondad; de todo lo que tú tienes para dar. Para dar a ti mismo y para dar al mundo, ¡recíbela y agradece que eres sabiduría de Dios, porque eres parte del todo!

Arcángel Uriel

ARCÁNGEL ZADQUIEL

"Transmutación de las cargas kármicas"

Desde los altares celestiales, la luz perfecta e infinita te observa, te guía, y te envuelve en la más amorosa luz púrpura de protección y transmutación. Los Ángeles de la llama violeta con los Ángeles de la misericordia están en guardia, ayudándote a transmutar tus pesadas cargas que llevas sobre ti por el paso del tiempo. El karma que acumulas cada vez que te pones en oposición contigo mismo y el dolor más grande de tu sufrimiento quedará disuelto cuando seas capaz de entender que no hay juez más duro que tus propios juicios. ¡Soy la luz de la transmutación de Dios!

Arcángel Zadquiel

ARCÁNGEL MIGUEL

"El perdón"

Yo soy el que pelea tus batallas y te pongo en resguardo. Yo te preparo para que cumplas tu misión de vida y estés listo para presentarte ante el juez. Ese juez eres tú mismo que juzgará con rigor. En ese momento te darás cuenta de lo que has hecho como parte de tu aprendizaje de vida en este mundo. Hoy es el momento para empezar a tomar conciencia y que permitas que mi luz brille en ti. Que tu mente sea iluminada y que se llene de amor para que puedas perdonarte y perdonar a tu prójimo. Yo cuido de tu alma porque es parte de mí, mis Ángeles siempre están a tu diestra y siniestra tratando de ayudarte. Abre tu corazón al amor y podrás sentir mi presencia envolviéndote completamente con mi luz. Recuerda que nunca me muevo de tu lado, soy tu roca de poder y fuerza donde te puedes apoyar y resguardar en el momento que tú lo desees. ¡Yo soy el amor infinito!

Arcángel Miguel

ARCÁNGEL JOFIEL

"Rinde todos los problemas a Dios y libera la exigencia"

Hoy estoy viendo tu tristeza en tu corazón, estoy sintiendo que tus emociones están volátiles. Yo puedo ver también tu fe marchitándose. Ese sufrimiento mental es solo un momento que tu ego se tornó en tu contra porque no le gusta ver en ti la luz. Yo soy el Arcángel de la belleza, el que te limpia tus pensamientos de desamor producidos por energías negativas y te embellece tus pensamientos. La iluminación está en ti porque yo te la estoy dando. ¡Estoy iluminando tus pensamientos!

Arcángel Jofiel

ARCÁNGEL CHAMUEL

"Encontrar la paz a través de nuestro crecimiento espiritual"

Yo te he ayudado a encontrar dentro de ti tu luz, esa luz divina en ti que es lo único que te da la paz. Porque es la Divinidad dentro de ti. Cuando tú encuentras la paz en ti mismo, yo te ayudo a que la extiendas a los demás y a todo el mundo. También en el momento que tienes paz, sientes el amor de Dios en ti. Yo te estoy ayudando a que encuentres todo lo que necesitas para tu felicidad porque esa es mi misión, ayudarte a que tú cumplas la tuya viviendo en la felicidad, el amor y la abundancia. Yo y la banda de mis Ángeles del amor estamos siempre a tu lado ayudándote a encontrarte para que no te pierdas en las ilusiones del ego. ¡El amor de Dios y sus Ángeles te está protegiendo completamente, es tiempo de vivir en santa paz porque has crecido espiritualmente!

Arcángel Chamuel

ARCÁNGEL GABRIEL

"Limpieza espiritual"

Hoy me presento ante ti con mis ropas blancas que significan pureza. Pureza del alma y del corazón. Yo soy la fortaleza de Dios que te ayuda a limpiar tu espíritu. Yo estoy contigo desde el principio hasta el final de tus días en la tierra, y sigo acompañándote en tu transición a la dimensión de paz y amor. Yo trabajo con tus Ángeles de la guarda y te envío a todos los Ángeles de la banda de la limpieza espiritual, para que en el momento que tu estés listo nosotros estemos presentes para rescatarte. Te rescatamos del miedo y te ayudamos a eliminar toda energía negativa que esté causando desarmonía espiritual en tu vida. ¡Hoy ves en ti tu luz, porque eres luz!

Arcángel Gabriel

ARCÁNGEL RAFAEL

"Sanación matrimonial"

Corre hacia tu pareja y sonríele con amor y dile que le amas con un beso. Siente el amor en tu corazón y regocíjate porque te has dado cuenta de que te amas y amas a tu pareja. Esa es la sanación del matrimonio, el amor incondicional que te libera de tus pesadillas de miedo. Abre tu corazón y recibe todas las bendiciones para sanar tu hogar y tu familia. Te entrego todo lo que necesitas para que tu matrimonio sea liberado del yugo del sufrimiento. Hoy duerme tranquilo porque tu matrimonio está siendo envuelto amorosamente y protegido con mi luz sanadora. ¡La luz infinita de Dios sana todo!

Arcángel Rafael

ARCÁNGEL URIEL

"Abundancia amorosa espiritual"

La abundancia espiritual es mi luz que llega más allá de los rayos del sol para cubrir todo el planeta tierra y lo que en ella habita, es la mirada de Dios puesta fijamente en cada ser creado por su amor. Cierra los ojos físicos y abre tus ojos del alma para que puedas ver y sentir tu abundancia espiritual. El amor de Dios está en ti. Tu felicidad y tu paz dependen de que tú sientas esa abundancia y amor en ti. Estoy iluminando tu mente con sabiduría divina para que puedas vivir y disfrutar de los tesoros celestiales. ¡Soy el fuego del espíritu de Dios!

Arcángel Uriel

ARCÁNGEL ZADQUIEL

"Dones espirituales"

La liberación espiritual es el don que te ayuda a soltar tus ataduras del miedo y tomar una decisión de vivir tu espiritualidad. Cuando decides vivir una vida espiritual trabajas tu don de la capacidad de perdonar, que te ayuda a encontrar la paz interior porque no tienes más resentimientos. En el momento que perdonas comienzas a encontrarte con la compasión y la misericordia, que son tus dones que te ayudan a mirarte a ti mismo como hijo de Dios y a ver a los demás tal como tú eres: Luz amorosa infinita de Dios. ¡Mis dones son la fuerza de la transmutación del fuego de Dios!

Arcángel Zadquiel

ARCÁNGEL MIGUEL

"Protección y renovación"

Los cambios son necesarios para que crezcas y que te encamines en tu misión de vida. Una casa nueva no se puede construir en cimientos viejos y débiles, es necesaria una fundación fuerte para que se sostenga de pie. La destrucción de los cimientos viejos permite la renovación. Así es, también tu vida necesita la renovación. Los que tú llamas errores, son los cambios necesarios para reestructurarte. Tú tienes la protección divina para poder hacer cambios positivos y alcanzar tus metas. Mi luz azul te está protegiendo siempre, porque es la misma luz sagrada y omnipotente con la que fuiste creado. ¡No tengas miedo de continuar en tu camino, yo te estoy ayudando a liberar tus batallas y a estar en victoria!

Arcángel Miguel

ARCÁNGEL JOFIEL

"Autosanación"

Ve dentro de lo más profundo de tu ser, a esas partes que tienes miedo entrar porque te parecen oscuras. No temas y continúa con tu introspección hasta que te des cuenta lo que estás haciendo contigo mismo. Mira tus culpas, tus errores, tus enojos, las envidias, los celos, la impaciencia, el desamor, el apego, la intolerancia, tu orgullo, la arrogancia, y todos tus pensamientos negativos causados por el miedo: Ésta es tu enfermedad. Es la enfermedad común que está afectando al planeta tierra. Si quieres sanar tus dolencias, despierta y sé consciente de lo que tienes que deshacerte. Mi luz ilumina tu voluntad para que seas consciente y veas tus enfermedades del ego. Cuando te hayas deshecho de ellas estarás en santa paz porque vas a ser sano. Tienes mi luz y energía para poder limpiarte completamente y fluir. Tú puedes tener la autosanación porque solo depende de ti. ¡Yo siempre estoy a tu lado con un ejército de Ángeles para ayudarte en tu sanación!

Arcángel Jofiel

ARCÁNGEL CHAMUEL

"La sabiduría del corazón"

Hoy te vengo a hablar de la sabiduría, de la sabiduría que ve las cosas como son, porque esta sabiduría te ayuda a conectarte más allá de los velos de la mente. El velo imaginativo, el velo de la memoria que duele, el velo de las proyecciones e imágenes engañosas, el velo de las expectativas, y el velo de la culpa y el miedo. Estos velos no nos dejan ver las cosas como en realidad son, nos bloquean el camino a la conexión con Dios. Esta sabiduría que hoy estás recibiendo, es la sabiduría del corazón. El corazón no piensa ni juzga solo siente. ¡El amor es la clave para encontrar la sabiduría del corazón!

Arcángel Chamuel

ARCÁNGEL GABRIEL

"Bendiciones familiares"

Si tu misión de vida es la de ser una madre o un padre, tienes a tu disposición más Ángeles que te ayudan a que termines esa hermosa labor. Pero ten presente que esos seres que estás ayudando son bendecidos al igual que tú. No los limites a tus deseos, mejor ayúdales a que aprendan a volar y a conocer su fuerza interior, que es Dios en ellos, para que puedan brillar. El despertar de tus seres queridos al mundo espiritual no es tu responsabilidad sino la de ellos mismos. Date por bien servido de que has dado un buen ejemplo, el resto depende de cada ser. No trates de cambiar el rumbo de la vida de tus hijos, porque no está en tu control, pero sí puedes hacer cambios en tu propia vida. ¡Todos somos una unidad con Dios, su universo y su espíritu!

Arcángel Gabriel

ARCÁNGEL RAFAEL

"Bajo la mirada de Dios"

Hoy necesitas prestar atención a las maravillas de tu Padre, prestar atención a la sanación del Cielo, prestar atención a lo importante que tú eres para tu Hacedor, tu creador, Dios, que te hizo a su imagen y semejanza. Yo estoy aquí como una representación de la sanación, la luz verde esmeralda que brilla en ti y en todos tus hermanos. Ten siempre presente que tus hijos y todo lo que tú posees está siendo protegido bajo la mirada de Dios. No lo olvides, no hay preocupación, enfermedad, tristeza o alegría que tu Padre no vea. ¡Recuerda pues, que todo está bajo la mirada de Dios!

Arcángel Rafael

ARCÁNGEL URIEL

"La luz de la existencia de Dios"

Mi luz es la existencia de Dios, es la luz que brilla en ti y se refleja en mí. Es la luz de amor que resplandece en tus ojos cuando ves más allá de tus miedos y puedes ver despacio el amor que hay en ti y en tus hermanos. Eres un ser sabio que puedes ver tus cualidades espirituales y las de los demás para poder trabajar como maestro, guía, coach, sanador, canalizador, y también realizar cualquier otro trabajo para ayudar a despertar el nivel de conciencia y vivir en paz. Hoy te doy las herramientas para salvarte a ti mismo, a tu hermano y al mundo. Solo tú y tus hermanos pueden salvar al mundo. ¡La salvación está en ti, solo tienes que encontrarla, es el Espíritu de la Existencia de Dios!

Arcángel Uriel

ARCÁNGEL ZADQUIEL

"Liberando cadenas"

Liberar el resentimiento de tu corazón necesita un gran esfuerzo y voluntad, porque tú sientes que estás en tu derecho de seguir resentido con esa persona o esa situación que tú piensas que te ha lastimado. Pero en realidad tu resentimiento no le causa dolor a nadie más, porque solo te estás castigando a ti mismo. Esas cadenas tan pesadas de dolor son una barrera a tu felicidad y plenitud. ¡Soy la transmutación y la misericordia que te regresa al amor!

Arcángel Zadquiel

ARCÁNGEL MIGUEL

"Lleno de la fuerza de Dios"

Es momento de que escuches mi voz y que te llenes de la fuerza infinita. Silencia tus pensamientos de miedo, solamente siente el cuidado y la protección que te estoy brindando en este momento y eternamente. Busca el momento de encuentro con tu "Ser Superior". Encuentra un lugar sereno y apartado en tu casa o en el jardín. Puede ser un parque, un lugar donde tú puedas tranquilizarte y sentir que puedes conectar con tu ser. Cuando tú acallas tu mente de pensamientos de desamor, dejas entrar la fuerza infinita de Dios y puedes escuchar a Dios hablar. ¡No olvides que siempre estás ante la presencia de Dios!

Arcángel Miguel

ARCÁNGEL JOFIEL

"Toda duda es eliminada con la luz"

La luz es sabiduría que penetra profundamente dentro de tu mente para alumbrar todas las partes ensombrecidas por tu ego. Cuando tu mente duda, está bajo la sombra de las ilusiones que no te permiten ver más allá de tus propios miedos. Es una proyección mental de ansiedad, frustración, desesperación, angustia y dolor, que no te permite encontrar la paz porque no estás fluyendo. Si tu mente está dudando de tu Divinidad y tú lo estás permitiendo, seguirás hundido en el sufrimiento de la enfermedad. Tu claridad mental y fluidez depende de que te des cuenta de que la luz está enfrente de ti pero que no la quieres ver. En el momento que te des cuenta y aceptes la sabiduría que yo te ofrezco, el Cielo brillará intensamente y no habrá nubes grises que puedan taparlo. Mi rayo de luz es permanente, pero es tu mente la que duda porque tiene miedo a ser consciente. ¡Permite que mi luz brille en ti!

Arcángel Jofiel

ARCÁNGEL CHAMUEL

"Recuperar el amor propio a través del Espíritu Santo"

Hoy tendrás un encuentro con la hermosura que Dios creó. Hoy verás la luz de Dios que es tan grande que sobrepasa tu sentir y entendimiento, y solo podrás describirla como amor. El Espíritu Santo se moverá en ti e irás al encuentro de tu ser que hoy estarás rescatando para vivir una vida completa en la plenitud y la gracia de los más sublime de tu Creador. Hoy respirarás confiado porque te conocerás y vibraras en el amor total. Este día has recuperado tu cordura y te amas a ti mismo incondicionalmente como lo que eres: Una inocente criatura de Dios. Da gracias al Espíritu Santo porque siempre está contigo ayudándote a que solamente escuches la voz de Dios. ¡Este día como siempre te dejo en compañía de mi luz amorosa y de la paz total del Espíritu Santo!

Arcángel Chamuel

ARCÁNGEL GABRIEL

"Motivación e inspiración"

La acción es bien importante en el momento de inspiración, porque es el momento que estás en contacto con la Divinidad y puedes alcanzar el nivel creativo de altas proporciones. Nunca te sientas limitado con tus ideas, siempre cree que tus ideas pueden alcanzar metas exitosas en tu vida. Yo, la revelación y la inspiración del Cielo, estoy aquí para apoyarte y ayudarte a que todas tus ideas sean brillantes y exitosas. Recuerda que tienes posibilidades, posibilidades que son infinitas para poder crear, poder desarrollar, y para poder llevarlas a la acción. ¡Yo te estoy ayudando a que te inspires, a que te motives y a que te actives!

Arcángel Gabriel

ARCÁNGEL RAFAEL

"Alcanzando la paz"

Hijo mío, hoy vengo a ti a acompañarte en tu viaje a la sanación. El viaje que estás necesitando a la sanación espiritual para que llegues a la paz. Cuando tú te encuentras con la paz, te encuentras con el sosiego. El sosiego da calma, la calma es felicidad. Cuando alcanzas la paz, alcanzas la sanación. Mirad pues que es un camino un poco delicado de caminar. Al camino hacia la paz se le van a interponer muchas barreras para que tú no puedas caminarlo. Son tus propias ideas de la separación del Padre que te limitan. Pero cuando tú te propones alcanzar algo lo puedes lograr, porque yo voy a acompañarte en esa búsqueda de la paz. Primero necesitas encontrar la quietud de tu mente, de tu corazón. Que tu mente y tu corazón estén en calma para que sientas el descanso en ti. ¡La paz, es sanación!

Arcángel Rafael

ARCÁNGEL URIEL

"Claridad mental"

Tus ideas no están fluyendo, no estás siendo creativo, porque te está gobernado el pesimismo, la negatividad y la impaciencia que te lleva a la desesperación. Cuando te encuentras en esta clase de estado mental, no puedes encontrar ni mantener un trabajo, tus relaciones de pareja no son duraderas, tu economía no prospera, y tu salud física y emocional están deterioradas. Si permites que la luz infinita de Dios te muestre el camino, siempre vas a estar bendecido, porque siempre vas a vivir en un estado mental de abundancia donde los pensamientos negativos del ego no pueden entrar. Recuerda que la claridad mental es la gracia de Dios en ti, no permitas que desaparezca. ¡Soy la luz de la sabiduría de Dios!

Arcángel Uriel

ARCÁNGEL ZADQUIEL

"Liberando las viejas costumbres"

Si tú deseas ser feliz, necesitas soltar la tristeza. Si tú deseas ser sano, necesitas soltar la enfermedad. Si tú quieres alcanzar la riqueza, necesitas soltar la pobreza. Todo depende de ti porque tú tienes libre albedrío. Yo, la luz de la transmutación te ayudó a hacer esos cambios cuando tú realmente lo deseas hacer y te comprometes a ello. Yo estoy aquí para ayudarte a hacer cambios significativos en tu vida. ¡Soy el Ángel de la transmutación!

Arcángel Zadquiel

ARCÁNGEL MIGUEL

"Protección infinita"

Hoy vengo a recordarte que tu angustia no tiene ninguna razón de existir en ti, la fuerza y el amor de Dios te rodea. ¡Cómo puedes sentir miedo y desamparo cuando mi amor nunca se aparta de ti! Si le has dado cabida al ego, es posible que en estos momentos tú estés temblando de miedo, un miedo que no tiene ninguna razón de ser porque estás protegido y resguardado por la gracia. ¡No lo olvides, estás protegido y resguardado por la fuerza infinita de Dios!

Arcángel Miguel

ARCÁNGEL JOFIEL

"Momento de aprendizaje"

En este instante de tu vida ya te has dado cuenta de que estás viviendo un aprendizaje de vida, viniste a este plano terrenal como un visitante a experimentar. Es posible que estabas muy animado a venir a aprender. Es posible también que no recuerdas tu propósito, tu misión de vida, o qué es lo que tienes que hacer en el plano terrenal. De eso se trata, de tener la intuición y trabajarlo. Los aprendizajes no te dan las respuestas, tienes que buscarlas tú mismo. A veces en esa búsqueda se te va la vida. ¿Qué significa que se te va la vida? Vives toda tu vida y no aprendiste lo que realmente venías a aprender. No significa que fue en vano tu visita o tu venida a este plano terrenal, porque aprendiste algo que no planeabas aprender, pero has aprendido. ¡Cuando tú sabes que el amor de Dios está en ti, no tienes miedo a nada y sigues adelante conquistando triunfos y aceptando derrotas!

Arcángel Jofiel

ARCÁNGEL CHAMUEL

"Entregando la vida a Dios"

Es una frase muy bonita que tú puedes decir todo el tiempo. Yo soy la fuerza amorosa de Dios que cuida de ti, de tus hermanos y del universo. El amor es la cura para toda enfermedad, para todo problema y para toda situación. Cuando entregas tu vida a Dios vas a estar tal vez confundido, pero en esa entrega vas a encontrarte con el amor, el amor puro y verdadero que hay en ti. Ese amor que hay en ti es puro e incondicional, porque es luz infinita de tu fuente. Si tú estás cansado, agotado, triste, desesperado, entrega tu vida a Dios si tú así lo deseas y Dios te responderá. ¡Dios te ama y está aquí para ayudarte en toda situación que estés pasando en este momento!

Arcángel Chamuel

ARCÁNGEL GABRIEL

"Una palabra de aliento"

Todo hijo de Dios merece vivir en la quietud, en la bondad y en la esperanza, porque como "Santidad" es merecedor de ello. Si tú en un momento te has sentido que no eres merecedor de esa paz, de ese aliento, de esa bienaventuranza, pues ve y di: "Señor, hoy vengo a ti por mi bienestar, por mi bienaventuranza, porque, "Soy Santidad, soy tu Santo hijo que se encuentra soñando un sueño de miedo, una pesadilla donde no se ha podido encontrar completamente, donde se está encontrando en este momento con su luz". ¡No olvides que la presencia de Dios es constante en tu vida!

Arcángel Gabriel

ARCÁNGEL RAFAEL

"Consagración y sanación"

El dolor es una de tus percepciones que más te va a atribular aquí en este plano terrenal, porque es algo usado por el ego para causarte sufrimiento. Te digo que es una percepción porque en realidad no estás padeciendo ningún dolor porque "tú eres sano", pero como estás en la dualidad, sientes dolor, sientes que el cuerpo duele. Pero es una percepción solamente equivocada porque tú eres sanidad. Tú eres Santidad y una prueba de ello es que tú eres parte de la Divinidad, eres creado a la imagen y semejanza del Padre. Un hijo de Dios no puede tener calamidades, no puede sufrir dolores porque es "Santidad". Pero aquí viene lo que es tu percepción, sí, porque es una percepción solamente, como ya te lo he dicho, estás percibiendo algo que no existe. Es parte del miedo, el ego es miedo, el miedo es ego. Tú lo percibes de diferentes formas y una de ellas es el dolor, así es que descansa, que el verde esmeralda de sanación será tu bálsamo hoy y siempre. ¡Toma de él, llénate de él, porque es la luz sanadora de Dios!

Arcángel Rafael

ARCÁNGEL URIEL

"Despojo de pensamientos de carencia"

Hoy la luz de la sabiduría de Dios te ayuda a pensar de una manera creativa, te das cuenta de que eres un ser merecedor de prosperidad, sanidad y felicidad. Sientes que mereces disfrutar todas las bendiciones que el universo pueda ofrecerte. Si tú no sueltas los pensamientos de carencia en tu vida, siempre te sentirás limitado porque no crees que eres merecedor de la abundancia en prosperidad. ¡El universo está lleno de posibilidades y todas son para ti!

Arcángel Uriel

ARCÁNGEL ZADQUIEL

"Compasión y liberación"

Recuerda que no hay liberación sin compasión, y la compasión es mirarte a ti y a los demás con amor y sin juicios. Cuando estás viviendo en el amor de Dios perdonas todo y a todos incluyéndote a ti mismo. La luz de la transmutación te ayuda a perdonar, a sanar, y a tener compasión para que puedas libérate de tus propios miedos que te hacen sentir enfermo. La compasión es parte de ti como es también el amor, porque tú eres parte de Dios y Dios es amor. Vive desde el amor con compasión y serás libre. ¡Soy la luz de Dios que cambia tu dolor por amor!

Arcángel Zadquiel

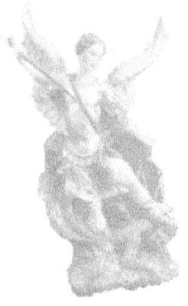

ARCÁNGEL MIGUEL

"El milagro de tu día"

¡Qué milagro estás esperando cuando tú realmente eres un milagro! Necesitas una conexión con tu esencia y ver que tú realmente eres un milagro y estás creando cada instante, y cuando tú te das cuenta de que estás creando, tú te conviertes en el milagro creativo, porque tú creas el milagro que quieres ver manifestado. No lo olvides, que tú eres el milagro creativo en conjunto con el Padre. ¡Hoy sigue viendo los milagros de amor manifestarse en tu vida!

Arcángel Miguel

ARCÁNGEL JOFIEL

"Belleza espiritual"

Lleva tu mirada hasta el fondo de tu ser para que visualices la luz en ti, es tu belleza espiritual, es la luz de tu Arcángel que te está iluminando. No busques el color amarillo que estás acostumbrado a ver en el plano terrenal porque no tiene nada que ver conmigo ni contigo. El amarillo de la belleza espiritual de Dios es más bello que la luz del sol y solo lo puedes ver con tus ojos del alma y cuando te conectas con el mundo espiritual de donde tú eres. La belleza espiritual te fortalece y te ayuda a erradicar la ignorancia y te conecta con la sabiduría divina de Dios. ¡Soy la conciencia, la belleza espiritual de Dios!

Arcángel Jofiel

ARCÁNGEL CHAMUEL

"Trabajando el amor propio"

Hoy te traigo un recordatorio acerca del amor por ti mismo. El amor propio es la clave para sanar cualquier situación o problema que tú sientas que no tiene solución. El amor propio siempre comienza en ti y termina en ti porque está en ti. No puedes amar a nadie ni a nada si no te amas a ti mismo. Si tú dices amo a Dios, amo el universo, amo a mis hijos, amo a mi familia, pero en realidad no tienes amor propio, no te amas a ti mismo. ¿Estás falto de amor? ¿Qué está pasando con tu vida? Es que no has prestado atención a tu ser, a tus necesidades, a lo que tú eres realmente, sino que te has enfocado en los demás. Por eso es importante que comiences a buscar tu luz. Que empieces a brillar con esa luz propia. Vas a buscar la mejor versión de lo que tú eres como parte de la divina presencia del Padre. Podrás realmente dar sin que te cause dolor. ¡Soy la luz amorosa de Dios!

Arcángel Chamuel

ARCÁNGEL GABRIEL

"La revelación divina"

Hoy bendigo tu caminar, hoy bendigo cada uno de tus pensamientos, cada acción que estés tomando en este momento es bendita, como bendito eres tú. No tengas miedo de decir: "Hoy bendigo mis pensamientos, hoy bendigo mi cuerpo, hoy bendigo mi hogar, hoy bendigo mi familia, hoy bendigo mi trabajo, hoy bendigo a mi hermano y al mundo". Puedes decirlo con libertad, porque eres Santidad. ¡Esa es mi revelación para ti, que sientas la Divinidad, el espíritu de Dios vibrando en ti!

Arcángel Gabriel

ARCÁNGEL RAFAEL

"Sanación angélica"

Soy el Ángel de la sanación y estoy enfrente de ti, a tu lado, brillando con la luz verde celestial y divina en tu corazón. Soy la luz que sana todo lo que no está en armonía. Hoy pondré en armonía tú vida y te liberaré de las energías discordantes, del dolor físico, mental, y espiritual. Te traigo la sanación perfecta y correcta. Mi luz está sanando tu cuerpo y el planeta tierra, para que puedas sanar esos sentimientos de resentimiento que te llenan de rabia, odio, violencia, envidias, dolores de cabeza y fatiga. Estoy hoy con mis Ángeles irradiándote perfección para sanarte a ti y a todas las almas en el plano terrenal. Hoy la energía angélica sanará todo conflicto que no te permite tener paz y felicidad; hoy crearemos juntos un mundo mejor donde vas a poder reencontrarte con el amor sanador en ti. ¡La sanación angélica está hoy llegando a tu vida!

Arcángel Rafael

ARCÁNGEL URIEL

"Creatividad infinita"

¿No te sientes creativo? ¿No crees que eres capaz de crear? Pues mira que sí, eres cocreador con el Padre porque estás creando cada día. Cada día tú creas algo nuevo. Cuando tú crees, puedes crear lo que tu deseas. El poder que tienes tú para crear, se te ha dado y lo puedes usar por tu libre albedrío; consecuentemente, tú puedes crear. A veces puedes crear miseria, a veces puedes crear dolor, lágrimas, sufrimiento, no te has dado cuenta de que es tu estado de ánimo o tu manera de pensar. Cuando tú creas en mente negativa, vas a tener resultados negativos, cuando estás en la mente recta de Dios y estás en positivo, vas a crear cosas positivas y amorosas que te van a ayudar para seguir trabajando en tu misión de vida en el plano terrenal. Presta atención a tus pensamientos, recuerda que como tú piensas, sientes y como sientes, actúas. ¡Así es que crea cuando estés en el Espíritu Santo!

Arcángel Uriel

ARCÁNGEL ZADQUIEL

"El encuentro con la Divinidad"

Hoy, entra en silencio y escucha mi voz, la voz que te recuerda que nunca estás desamparado. Siempre estás viviendo en el amor de Dios, porque él está en ti. El perdón, la compasión y la misericordia, te conducen a tu centro, al encuentro con tu Divinidad, Dios. Toma una pauta en tu vida, en esa pauta que vas a tomar, vas a poder escuchar el silencio, cuando tú eres capaz de escuchar el silencio, te conectas con tu ser, con lo que tú eres. En ese instante, cuando tú estás conectado con tu ser, con ese silencio puedes escuchar la voz de tu Padre. La voz que te recuerda que nunca te ha dejado, que nunca estás solo, que nunca estás separado, que siempre estás vibrando en ese amor infinito. ¡Estoy aquí para recordarte que siempre estoy a tu lado!

Arcángel Zadquiel

ARCÁNGEL MIGUEL

"Energía que te empodera"

Soy la luz que deshace las barreras del miedo para que te liberes y salgas adelante en esta vida terrenal. Protejo a tu familia, tu casa, tu trabajo, tus relaciones amorosas y de amistad, tus estudios, tus proyectos, tus negocios, tus pertenecías materiales y tus dones espirituales, soy tu compañero en todo momento de tu vida. Me uno a ti como el guardián de tu vida, no te dejo ni un momento. Soy yo el espíritu de Dios que te acompaña en tus sueños para que despiertes fortalecido e inspirado, listo para empezar de nuevo con armonía. ¡La energía de la fuerza de Dios está en ti!

Arcángel Miguel

NOTA FINAL DE DESPEDIDA

Es importante recordar que somos criaturas de Dios y que estamos aquí con un propósito qué cumplir al igual que nuestros Ángeles, recordando siempre que tenemos un Ángel de la guarda. Bueno, siempre decimos un Ángel de la guarda, pero en realidad tenemos más de uno. Hay personas que pueden tener de 1 a 5 Ángeles de la guarda, dependiendo de su misión de vida en este plano terrenal. Pero además de nuestros Ángeles de la guarda tenemos Ángeles extras que nos ayudan en cada situación de nuestra vida. Si ustedes notan que las canalizaciones están dictadas por los Arcángeles, en realidad los Arcángeles son seres más grandes y poderosos que los Ángeles. Y son los Arcángeles quienes dictaron estas canalizaciones, pero se reciben canalizaciones de diferentes Ángeles del Señor que nos están rodeando. Los Arcángeles son esa luz fuerte y poderosa, esas facetas de Dios que están a nuestro lado en momentos de necesidad. Nuestros Ángeles de la guarda están permanentemente a nuestro lado, pero los Arcángeles vienen a nuestra ayuda cuando estamos necesitando esa ayuda angélica especial, como protección, sanación, amor propio, sentirnos abundantes en prosperidad, sabiduría, guía, etc.; son la manifestación de la energía de Dios en diferentes aspectos. Recuerden también que los Ángeles no tienen nombre, ni tienen alas, es la luz divina y perfecta de Dios. Les recomiendo leer el *"Manual Espiritual: Las enseñanzas de Dra. Quiñones"*, ahí aprenderán lo que es la *Angelología, Canalización Angelical, Sanación con Ángeles, y mediumnidad*. Nosotros tenemos percepciones diferentes, unas personas podemos percibir los Ángeles con alas, como seres humanos, porque nosotros somos cuerpos en este plano terrenal. También podemos percibirlos como aves o plantas, dependiendo de nuestra cultura, religión o ideología. No importa cómo percibimos a los Ángeles, la realidad es que, es Dios manifestándose en nosotros. Lo que sí importa saber es que los Ángeles siempre se manifiestan de una manera dulce y amorosa. Los Ángeles están siempre a nuestro lado guiando cada uno de nuestros pasos, y es imperativo que nosotros busquemos esa ayuda. Pidamos ayuda, ("Ángeles ayúdenme a encontrar esto, a sanar, a sentirme pleno, a encontrar trabajo, a encontrar pareja", etc.).

Por último, les dejo una oración de sanación para todos los niños del mundo, dictada por nuestro amado Arcángel Miguel.

ORACIÓN POR TODOS LOS NIÑOS ENFERMOS DEL MUNDO:

"Señor Dios, permite que una nube blanca y azul celeste de Ángeles proteja a todos los niños del mundo.

Te pido que Ángeles y Arcángeles acompañen a estas almas nobles encarnadas en estos pequeños cuerpos, para que puedan terminar su doloroso aprendizaje de vida.

Padre, te pido por los niños que sufren cáncer o cualquier otra enfermedad terminal, que tus Ángeles de la banda de la sanación se hagan presentes llevándoles una pronta y completa recuperación. Permite que estos niños puedan sentir el gozo en sus corazones, de ser parte de ti. Dales, Señor la fuerza para seguir adelante y terminar su misión terrenal en victoria.

Ayúdales, Señor a sanar, mente, cuerpo y espíritu, y que un arcoíris de luz celeste sea derramado sobre ellos brindándoles paz.

También te pido Señor por los padres y familiares de estos niños que son parte de este aprendizaje. Ayúdales dándoles la fortaleza necesaria. Que tus Ángeles y Arcángeles los acoracen con su luz. Bendice Señor sus hogares, hospitales, escuelas, su transportación, sus alimentos, y cada lugar donde ellos se encuentren.

Bendice Señor su economía para poder pagar gastos y para que estos padres y familiares puedan tener un descanso.

Que el amor se haga presente en sus vidas con sanidad y abundancia infinita. Así ya es. Amén".

Escrito por Dra. Quiñones
(Dictado por Arcángel Miguel)

AGRADECIMIENTOS

Mi gratitud y agradecimiento completo es para Dios Hijo, Dios Padre, Dios Espíritu Santo. Para la Divinidad, Padre, Madre, Infinito. Para los siete Arcángeles que dictaron todas estas canalizaciones. Agradezco a todos los Ángeles, a los siete Arcángeles, a mi Ángel de la guarda que siempre ha estado a mi lado.

Doy gracias a mis guías espirituales que siempre han estado a mi lado guiándome en el camino material, y en este bendito camino espiritual.

Doy gracias a mis padres por haberme dado la vida y haber cuidado de mí. Gracias por enseñarme los principios morales y brindarme su apoyo en mi crecimiento espiritual.

Doy gracias a mi esposo Miguel, a mis tres hijas: Yesica, Aleyda y Wendy, y a mis tres nietos: Rachel, Ender y Athena, por brindarme su amor incondicional.

Doy gracias a la Lic. Sandra Cisneros Reyes por su trabajo para que este libro sea una realidad.

Doy gracias a Carmen Getchell por su amistad y cariño.

Doy gracias a Alba Luz Castellanos por su amistad y cariño.

Doy gracias a mis amistades por haber estado ahí siempre confiando en mí.

Doy gracias a todos esos estudiantes certificados alrededor del mundo, porque hemos sido maestros y estudiantes a la vez.

Gracias por la confianza a cada paciente que ha buscado mi consulta, porque hemos sanado juntos con el amor de Dios y sus Ángeles.

Gracias a todos mis profesores, desde primer grado de primaria hasta mi especialización universitaria como Doctora en Psicología Clínica.

Y para finalizar doy gracias al Maestro Jesús que ha sido uno de mis grandes guías espirituales al igual que a mi amado Arcángel Miguel. Gracias, muchas gracias.

ACERCA DEL AUTOR

Dra. Quiñones es hija de un agricultor salvadoreño, un hombre de fe en Dios y en los Ángeles. Ella creció teniendo una relación cercana con Dios, el Espíritu Santo y los Ángeles. De niña sobrevivió al cáncer de huesos y la sangrienta guerra civil en El Salvador, que acabó con la vida de su madre, familiares y amigos. Salió huyendo de El Salvador para salvar su vida cuando era casi una niña. Llegó a los Estados Unidos y comenzó a trabajar como todo migrante, sufrió el choque cultural, trabajó mucho para salir adelante, lo cual no fue fácil. Siempre pensó que se podía vivir mejor y eso la impulsó a estudiar. Después de terminar sus estudios ejerció como psicóloga registrada en California durante muchos años. Trabajó como trabajadora social y como maestra. Ha escrito cientos de informes psicológicos y realizado pruebas psicológicas. Ha trabajado con pacientes del Departamento de Servicios para Niños y Familias del Condado de San Bernardino, así como con pacientes de la Oficina del Fiscal del Distrito de Victorville en California. Ha impartido clases de crianza de los hijos, manejo de la ira y violencia doméstica. Sin embargo, su vida tomó otro rumbo del trabajo con la ciencia al mundo espiritual, cuando finalmente escuchó el llamado de Dios que estaba resonando en su mente y su corazón, desde que tuvo uso de razón.

En esta etapa de su vida utiliza la psicología del espíritu, la mente y la comunicación espiritual mientras realiza terapia de sanación con Ángeles, terapia de lectura de registros akáshicos, terapia de hipnosis regresiva a vidas pasadas, mediumnidad o comunicación con los espíritus, terapia de sanación del niño interior y terapia de tanatología.

También ha analizado miles de sueños, donde usa la canalización angelical. Ofrece talleres, conferencias y certificaciones. Se siente muy orgullosa de haber certificado centenas de estudiantes en los Estados Unidos y en muchas partes del mundo.

Dra. Quiñones tiene la perspectiva de que todos podemos tener una comunicación amplia y profunda con Dios, cuando apartamos la voz del ego y permitimos escuchar la dulce y clara voz del Padre.

En las redes sociales ha publicado miles de canalizaciones angelicales y también ha analizado miles de sueños. Al mismo tiempo, es la autora de la disertación: "La relación entre el abuso sexual de los niños puestos en hogares de crianza y el comportamiento agresivo". Es la autora del libro *"Manual Espiritual: Las enseñanzas de Dra. Quiñones"*, el cual ha sido su primer libro publicado basado en la espiritualidad; en él brinda sus conocimientos y sabiduría acerca de la práctica espiritual que ejerce conforme a su filosofía, dicho libro es una guía práctica que ayuda a que los demás puedan tener una base para aprender y aplicar dentro del mundo espiritual, y ha sido escrito con mucho amor. En este momento también está completando un libro con su biografía *"Una vida con Dios y sus Ángeles"*, donde habla sobre sus experiencias con la Divinidad, la Santidad, Dios y sus Ángeles, así como de sus batallas ganadas con la ayuda de Dios, sobreviviendo al cáncer de huesos y la guerra civil en El Salvador, y cómo la intervención divina es manifestada en esos momentos de angustia y dolor. Dra. Quiñones tiene un Sitio Web (www.drblancaquinones.com), donde ofrece sus consultas, terapias, talleres, diplomados, certificaciones, etc.

También cuenta con un Canal de Televisión en la red llamado: *"Spiritual Vision TV"* (www.spiritualvisiontv.com), a través del cual se difunde información espiritual al mundo. Ha iniciado la Editorial *"Spiritual World Publishing"* (www.spiritualworldpublishing.com), que cuenta con un enfoque espiritual, donde ha empezado con la edición y publicación de sus propios libros, y en la cual posteriormente se estarán editando y publicando los libros de más personas.

La familia de **"Spiritual World Publishing"** espera que ustedes hayan disfrutado de este libro: *"Cuando los Ángeles hablan: 365 Canalizaciones, Lecturas Devocionales para cada día del año"*.
Si quieren recibir información o conocer más acerca de "Spiritual World Publishing", pueden contactarnos en nuestra casa publicitaria.

SPIRITUAL WORLD PUBLISHING
BQUINONES, LLC
500 N RAINBOW BLVD, SUITE 300,
LAS VEGAS, NV 89107
TEL. 702 538 2785
SPIRITUALWORLDPUBLISHING@GMAIL.COM
WWW.SPIRITUALWORLDPUBLISHING.COM

NOTAS

NOTAS